Quiz
Le seigneur des Anneaux

LE SEIGNEUR
DES ANNEAUX

1 200 questions
pour tester vos connaissances

Traduit de l'américain par Thomas Bauduret

Titre original :
So you Think you Know the Lord of the Ring ?

Ce livre n'est pas lié à – ni avalisé par – la succession
Tolkien ou New Line Cinema, ni aucun éditeur
d'origine de Tolkien. L'éditeur ne prétend
à aucun droit sur les personnages ou œuvre de Tolkien.

Loi n° 49-956 du 16 juillet 1949 sur les publications destinées
à la jeunesse : novembre 2003.

© Hodder & Stoughton Ltd., 2002
Publié pour la première fois en Grande-Bretagne, en 2002,
par Hodder Children's Books
© 2003, éditions Pocket Jeunesse, département d'Univers Poche,
pour la traduction française.

ISBN 2-266-13443-4

Sommaire

Introduction

Alors, on croit tout savoir sur la Terre du Milieu et la quête épique qu'entreprirent Frodon, Sam et la Communauté de l'Anneau afin de défaire les forces ténébreuses du Mordor!

Depuis sa publication en 1954, l'incroyable conte de J.R.R. Tolkien et ses thèmes – la puissance, le courage, l'amitié et la lutte contre le Mal – ont passionné des millions de lecteurs. L'ouvrage que nous vous présentons a pour but de mettre à l'épreuve vos connaissances concernant l'extraordinaire galerie de personnages, de lieux et d'événements qui composent le monde étrange et fabuleux du *Seigneur des Anneaux*.

En tout, vous y trouverez 1 200 questions; 450 à propos de *La Communauté de l'Anneau*, 400 sur *Les Deux Tours* et 350 sur *Le Retour du Roi*. Certaines pourront vous sembler simples comme un dicton Hobbit; d'autres aussi complexes qu'une

toile elfique. Mais ne vous laissez pas tenter comme Gollum par l'Anneau! N'allez pas à la section «réponses» avant d'avoir terminé une série de questions.

Bonne chance!

Questions sur
La Communauté de l'Anneau

QUIZ 1

1. De quelle couleur sont les longs cheveux de Gandalf?

2. Quel est le nom de famille de Bilbo le Hobbit?

3. L'auberge du Poney Fringant compte-t-elle un, deux, trois ou quatre étages?

4. Fondcombe se trouve-t-il au nord, au sud, à l'est ou à l'ouest de Hobbitebourg?

5. Qui se fait appeler «la Fille de la Rivière»?

6. Lorsque Grands-Pas renseigne les Hobbits, combien de semaines leur faudra-t-il, selon lui, pour aller du Mont Venteux à Fondcombe?

7. Qui taillade les tentacules emportant Frodon?

8. Que cultive le père Maggotte dans sa ferme?

9. En matière de vêtements, les couleurs préférées des Hobbits sont : vert et jaune, rouge et rose ou bleu et noir ?

10. Qui donne le nom de Compagnie de l'Anneau à la troupe quittant Fondcombe ?

11. Les chevaux des Cavaliers Noirs leur servent d'yeux : vrai ou faux ?

12. Selon les écritures elfiques, combien d'anneaux sont destinés aux rois elfes ?

13. Gimli est le fils d'un Nain ; comment s'appelle ce Nain ?

14. Qu'arrive-t-il aux poneys des Hobbits après la nuit passée à l'auberge du Poney Fringant ?

15. À qui Dame Galadriel offre-t-elle un flacon de cristal ?

16. Quelle sorte de créatures sont Nob et Bob ?

17. Quel est le nom de famille des Hobbits Odon et Sancho : Fierpied, Bolger ou Brandebouc ?

18. Fangorn est-elle une montagne, une forêt, une rivière ou un marais ?

19. Gandalf est-il un Elfe, un Nain, un Orque ou un magicien ?

20. Quel genre de créature Gandalf sauve-t-il des griffes de Saroumane?

21. Que met Frodon pour échapper aux assauts de Boromir?

22. Nimrodel est-il un ruisseau, une montagne, un réseau de cavernes ou un lac?

23. Quel est le nom de la plante grâce à laquelle Grands-Pas guérit les blessures de Frodon?

24. Comment s'appelle l'un des meilleurs amis de Frodon: Merry Brandebouc, Merry Bolger ou Merry Brandevin?

25. Qui oublie de remettre à Frodon une lettre de Gandalf?

26. Quel moyen de transport Frodon utilise-t-il pour quitter la Compagnie de l'Anneau?

27. Des dix Nains qui ont survécu à la bataille des Cinq Armées, combien habitent encore le Royaume des Nains?

28. Lúthien sauve Beren des cachots de quel être malfaisant?

29. Combien de fois Gildor a-t-il rencontré Bilbo Sacquet depuis son départ de Cul-de-Sac?

30. Que sont les Forts et les Pieds Velus?

31. Qui conduit Frodon, Pippin et Sam au gué traversant le Brandevin ?

32. Le roi des Nains a-t-il plus de 50, de 150 ou de 250 ans ?

33. Quel Hobbit voyage en poney à partir du Mont Venteux ?

34. Quel Humain accompagne Dame Galadriel dans son vaisseau-cygne naviguant sur la rivière Cours d'Argent ?

35. Les Cavaliers Noirs sont : des Esprits servants de l'Anneau, des magiciens déchus, des Trolls ou des Banshees ?

36. Milon Fouine ne répondait jamais aux lettres : quel objet en or Bilbo lui laissa-t-il en cadeau ?

37. Au Conseil d'Elrond, qui déclare qu'il partira vers Minas Tirith ?

38. À quel Hobbit Bilbo offre-t-il deux sacs de pommes de terre, une bêche, un gilet de laine et un onguent ?

39. Les chiens du père Maggotte ne prêtent aucune attention à l'un des trois Hobbits ; lequel ?

40. Quel Hobbit réussit à déterminer où se trouve Frodon, bien que celui-ci soit invisible ?

41. Quel compagnon de Frodon choisit de ne pas se mêler aux convives de l'auberge du Poney Fringant?

42. Quelle rivière prend sa source aux Basses Terres et traverse la Vieille Forêt?

43. Qui, à l'aide d'un chant magique, allume le feu qui fait fondre la neige tout autour de la Compagnie?

44. Quel objet Bilbo laissa-t-il à Hugo Sanglebuc: un manteau, une bibliothèque vide ou un miroir?

45. Qu'est-ce qui sert à propulser et à diriger les bateaux dans lesquels voyage la Compagnie?

46. Quelle race de Hobbits s'entend le mieux avec les Elfes: les Forts, les Pâles ou les Pieds Velus?

47. Les Ourouks du Mordor sont: des Trolls, des Orques, des loups ou des corbeaux?

48. Qui sauve Frodon de la noyade dans la rivière Tournesaules?

49. Que dit Frodon aux gens de l'auberge du Poney Fringant: qu'il est à la

recherche d'un trésor, de Gandalf, ou qu'il écrit un livre?

50. Quel objet repose sur les cous de Pippin, Sam et Merry dans les Hauts des Galgals?

QUIZ 2

1. Qui suit Gandalf dans sa poursuite de Gollum à travers les Terres Sauvages?

2. Qu'utilise Gollum pour naviguer sur le Grand Fleuve?

3. Quel est le nom de famille de l'Elfe Gildor: Intrepida, Inglorion ou Interruptum?

4. Parmi ces poneys, lesquels ne servent PAS de montures aux Hobbits: Ouïe-Fine, Bon-Nez, Queue-Vive ou Paturon-Blanc?

5. Quel est le nom du chef-lieu de la Comté?

6. Qui tue le premier loup à attaquer la Compagnie?

7. Quel objet permet à Frodon de grimper dans les arbres de la Forêt d'Or?

8. De quelle couleur est la pierre elfique nommée béryl que Grands-Pas trouve près du Dernier Pont?

9. Parmi les Nains suivants, lequel n'habite plus le Royaume des Nains: Bifur, Ori, Bofur ou Bombur?

10. Caradhras est-il un ruisseau, une montagne, un lac ou une citadelle?

11. Les gens du Quartier de l'Est tiennent-ils leur nom de planètes, de saisons ou des points cardinaux?

12. Quels oiseaux s'abattent en bandes sur la Compagnie de l'Anneau, obligeant les Compagnons à éteindre leur feu?

13. De qui trouve-t-on le tombeau dans la Chambre de Mazarboul?

14. Boromir porte deux Hobbits lors de leur avancée dans la neige: lesquels?

15. Combien d'arches comprend le Dernier Pont: une, deux, trois ou quatre?

16. Qui vivait jadis à Dol Guldur: Elrond, le Seigneur Ténébreux, Bilbo ou Glóin?

17. Quel délai Frodon demande-t-il pour décider de se rendre à l'ouest, vers

Gondor, ou à l'est, vers la Peur et l'Ombre?

18. Quel genre d'arme, nommée Dard, Bilbo accroche-t-il à sa cheminée?

19. Lequel de ces camps ne se trouve pas au Pays de Bree : Combe, Staddel ou Waymoot?

20. Personne n'a soufflé dans le cor du Pays de Bouc depuis combien d'années : 20, 40 ou 100?

21. Quelle est la première chose que voit Frodon à son réveil à Fondcombe?

22. Quel membre de la Communauté de l'Anneau vient de Minas Tirith?

23. Quel Conseil chassa les puissances maléfiques de la Forêt Noire?

24. Le Sirannon fut entouré de digues pour créer quel élément géographique?

25. Combien de nuits Frodon passe-t-il à Fondcombe?

26. Qui partit en bateau avec Sam et Aragorn?

27. Avec combien de poneys les Hobbits quittent-ils le village de Bree?

28. Quel nom les gens de Bree donnent-ils aux grands vagabonds mystérieux à la mine sombre?

29. Quel est le nom composé de Othon et Lobelia, les parents déplaisants de Bilbo?

30. Qu'arrive-t-il à l'épée de Frodon lorsque le chef des Cavaliers Noirs tend la main?

31. Comment s'appellent les deux grands piliers de pierre au bord du Grand Fleuve?

32. Deux membres de la famille Sacquet célèbrent leur anniversaire le même jour: lesquels?

33. À laquelle de ses parentes Bilbo laisse-t-il un assortiment de cuillères d'argent?

34. Parmi les cadeaux que Dame Galadriel offre à la Compagnie, lequel brille dans le noir?

35. Comment Gandalf qualifie-t-il l'Anneau en possession de Frodon?

36. Lorsque Sam regarde dans le Miroir de Galadriel, il y voit un lieu précis: lequel?

37. Combien d'années se sont écoulées depuis le retour en Comté de Bilbo avec son trésor?

38. Quel magicien habite en Isengard?

39. Quel genre de bâtiment se trouvait jadis au sommet du Mont Venteux?

40. Combien de repas par jour constituent l'idéal d'un Hobbit?

41. Quel pub sert la meilleure bière de tout le Quartier de l'Est?

42. Quel Elfe, dont le nom commence par G, fut le dernier des grands rois elfes de la Terre du Milieu?

43. Au début de sa quête, Frodon quitte-t-il Cul-de-Sac à pied, en poney, en voiture ou en bateau?

44. Après le premier festin de Frodon à Fondcombe, dans quelle salle les convives se rendent-ils?

45. Combien de races de Hobbits y avait-il à l'origine: une, trois ou onze?

46. Quel est le nom complet de Gandalf?

47. Dans quelle région, dont le nom commence par C, Frodon achète-t-il une maison?

48. Qu'y a-t-il à manger dans le panier que la fermière Maggotte laisse pour les Hobbits?

49. Le Chemin Vert est une route recouverte d'herbe qu'on trouve au Pays de Bree, en Terres de l'Ouest ou au Pays de Bouc?

50. Deux Hobbits reçoivent de Dame Galadriel des ceintures d'argent: lesquels?

QUIZ 3

1. Quelle est la couleur du cheval de Glorfindel?

2. Au Conseil d'Elrond, qui se porte volontaire pour mener l'Anneau à la Montagne de Feu?

3. Balin fut seigneur de la Moria: vrai ou faux?

4. Quel est le surnom de Ham Gamegie: Maître Hamfast, l'Ancien ou Doigts-Verts?

5. Quelle particularité est absente du visage des Hobbits Pâles et Pieds Velus?

6. Lorsqu'il détruit le pont de la Moria, Gandalf casse un objet qui lui appartient : de quoi s'agit-il ?

7. Quel Hobbit écrit un livre relatant ses aventures ?

8. Lorsque les neuf Cavaliers Noirs rejoignent les Hobbits, ceux-ci sont tout près d'un gué : lequel ?

9. Quel est le nom, commençant par la lettre H, du gardien de la Porte du Chemin Vert ?

10. Quel château Gorhendad Vieilbouc a-t-il bâti ?

11. Qui appelle l'Anneau son « trésor » ?

12. Quelle famille hobbit est absente à la fête de Bilbo : les Brandebouc, les Froideval, les Fierpied ou les Sonnecor ?

13. À qui Gandalf demande-t-il d'accompagner Frodon dans sa quête, à son départ de Cul-de-Sac ?

14. Combien de nuits les Hobbits passent-ils chez Tom Bombadil ?

15. Quel est le véritable nom de Grands-Pas ?

16. De quel métal semble fait l'Anneau magique dont Bilbo a la garde ?

17. Dame Galadriel et ses suivantes ont tissé les habits qu'elles offrent à la Compagnie de l'Anneau, à Fondcombe : vrai ou faux ?

18. Dans sa lettre à Frodon, quel est le conseil de Gandalf à propos des voyages de nuit ?

19. Quel fermier Frodon redoute-t-il depuis que, dans son enfance, celui-ci l'a surpris en train de chaparder ?

20. Quel endroit, dont le nom commence par la lettre F, est la première destination de Frodon à son départ de Cul-de-Sac ?

21. Quelles sont les premières créatures non-hobbits que Frodon, Sam et Pippin croisent au cours de leur voyage ?

22. Le Seigneur Ténébreux a forgé l'Anneau que détient Frodon : vrai ou faux ?

23. Quel objet chaque Hobbit prend-il dans le trésor des Hauts des Galgals ?

24. Qui représente les Nains auprès de la Communauté de l'Anneau ?

25. Quel est le nom du premier Nain à qui s'adresse Frodon en arrivant a Fond-combe?

26. Comment les Grandes Gens du Pays de Bree appellent-ils les Hobbits qui y vivent?

27. Sous quel autre nom Sméagol se fait-il connaître?

28. Quel est le nom – en français – du matériau le plus convoité de toute la Terre du Milieu?

29. Sur quelle montagne les Anneaux furent-ils forgés?

30. Amon Sûl est une ancienne tour, un village, un palais ou le chef des Nains?

31. En quoi Gorhendad Vieilbouc changea-t-il son nom de famille?

32. Le maire de Grand'Cave est-il élu tous les deux, trois ou sept ans?

33. Parmi les amis de Frodon, lequel admet qu'il est au courant de l'existence de l'Anneau depuis des années?

34. À Gondor, quelle sorte de bâtiment porte un nom commençant par Minas?

35. Les Crevasses du Destin se trouvent dans un désert, une montagne ou au fond d'un lac?

36. Quelles créatures ont abattu et brûlé des centaines d'arbres de la Vieille Forêt?

37. À quel endroit Frodon est-il blessé par les Cavaliers Noirs, sur le Mont Venteux?

38. C'est Dame Galadriel qui a convoqué le Conseil Blanc: vrai ou faux?

39. Quelle race de Hobbits est la plus commune?

40. Minas Morgul est un lieu bénéfique et de guérison: vrai ou faux?

41. De quelle couleur sont les visages des Cavaliers Noirs?

42. Par quel endroit Tom Bombadil conseille-t-il aux Hobbits de passer vers l'ouest?

43. De qui Hobbitebourg attend-il avec impatience le 111e anniversaire?

44. Qui Gandalf et Elrond préfèrent-ils ne pas laisser retourner à Hobbitebourg par peur de l'Ennemi?

45. Lequel de ces Hobbits est marié : Frodon, Bilbo ou Othon ?

46. Combien coûte un poney de Bree : 6, 12, 18 ou 30 pièces d'argent ?

47. Aragorn était-il un grand chasseur, un grand enchanteur, un grand musicien ou un grand magicien ?

48. Quel Hobbit est l'ami de longue date du Nain Balin ?

49. Après l'inondation, combien retrouve-t-on de chevaux appartenant aux Cavaliers Noirs ?

50. Où Ham Gamegie envoie-t-il les Cavaliers Noirs en quête de M. Sacquet : à Châteaubouc, au Bout-des-Bois ou au pont de Brandevin ?

QUIZ 4

1. Qui Bilbo Sacquet adopte-t-il pour qu'il soit son héritier ?

2. Quelle arme est associée au nom de Gil-Galad ?

3. Combien de Cavaliers Noirs en tout attaquent les Hobbits au Mont Venteux?

4. Qui donne la «Fête des 112 livres» en l'honneur de Bilbo?

5. Qui sauve les Hobbits du Vieil Homme-Saule?

6. Cerin Amroth se trouve au milieu de quelle forêt?

7. Fredegar Bolger est-il pour Frodon un ennemi, un ami ou un inconnu?

8. Dans quelle forêt de la Terre du Milieu se trouve la clairière du Feu de Joie?

9. Cinq jours après leur départ de Bree, les Hobbits laissent derrière eux quels marais (leur nom commence par la lettre E)?

10. Comment s'appelle le fils de Ham Gamegie?

11. Durant quel mois Grands-Pas et les Hobbits atteignent-ils le Mont Venteux?

12. Qui a un jour transformé les Trolls en pierre?

13. Quel genre de créature a tué Balin?

14. Qui peut flairer le sang des êtres vivants, mais ne peut voir la plupart des créatures?

15. Gwaihir, le Seigneur du Vent, est: un oiseau, un cheval, un messager nain ou un roi elfe?

16. À quel membre de la Compagnie doit-on absolument bander les yeux pour traverser la Lothlórien?

17. Que tentent les Hobbits face à l'arbre qui leur interdit l'entrée de la Vieille Forêt: l'abattre, le brûler ou lui jeter un sort?

18. Comment s'appelle le cheval que Gandalf a pris en Rohan?

19. Les mines sous les Montagnes Bleues appartenaient aux Nains, aux Gobelins ou aux Orques?

20. À qui Bilbo adresse-t-il la lettre contenant l'Anneau?

21. Quel nom donne-t-on à la Montagne de Feu?

22. Qui a appris à lire à Sam Gamegie?

23. Quelles mines, dont le nom commence par la lettre M, la Communauté traverse-t-elle?

24. Comment s'appelle le seigneur des Galadhrim?

25. En fouillant le Mont Venteux, que trouve Sam Gamegie?

26. Quelle direction les Hobbits suivent-ils lorsqu'ils quittent la maison de Tom Bombadil?

27. Quel objet provoque une dispute entre Gandalf et Bilbo avant que ce dernier ne quitte Cul-de-Sac?

28. Quel genre de créature est Ancalagon le Noir?

29. Les Hobbits et Grands-Pas passent le Dernier Pont; quelle rivière enjambe-t-il?

30. Combien de membres de la Compagnie ont les yeux bandés avant de traverser la Lothlórien: certains, tous ou aucun d'entre eux?

31. Quelles sinistres créatures hantent les rêves de Frodon lorsqu'il réside chez Tom Bombadil?

32. Comment le père et la mère de Frodon sont-ils censés être morts?

33. Chez qui Frodon essaie-t-il l'Anneau pour la première fois?

27

34. Radagast le Brun apporte à Gandalf un message ; de qui provient-il ?

35. Quel est l'âge de la maturité chez les Hobbits ?

36. Quelle est la couleur des cheveux de Baie d'Or ?

37. Le mithril est le nom d'un métal précieux, d'une épée elfique enchantée ou d'un remède ?

38. Dans sa lettre à Frodon, Gandalf lui suggère qu'il pourrait rencontrer quelqu'un lors de son voyage : de qui s'agit-il ?

39. Quel est le surnom de Fredegar Bolger ?

40. La cité d'Osgiliath porte aussi le nom de Citadelle du Soleil, des Étoiles ou de la Lune ?

41. Dans quelle rivière Sméagol et ses amis retrouvent-ils l'Anneau ?

42. Lorsque les Hobbits quittent Bree, qui lance la pomme qui frappe Bill Fougeron ?

43. Quelle arme porte Gimli ?

44. Le seigneur Celeborn offre un moyen de transport à la Communauté : lequel ?

45. Combien de poneys Tom Bombadil fit-il venir ?

46. Quelles créatures n'ont cessé de voler de l'or et des bijoux dans la Moria ?

47. Tobold Sonnecor de Longoulet fut le premier à cultiver une certaine plante : laquelle ?

48. Quel ami de Frodon est censé rester à la Comté pour s'occuper de ses affaires ?

49. Quel est le nom, commençant par R, du col que la Communauté tente de traverser ?

50. Dans la Moria, la Compagnie trouve une tombe ; celle de qui ?

QUIZ 5

1. Qui paie les poneys que les Hobbits achètent à Bree ?

2. Que fait Gandalf de l'Anneau que lui donne Frodon ?

3. Quel est le seul membre de la Communauté qui ait séjourné dans les cachots du Seigneur Ténébreux ?

4. Qui porte la barbe, un manteau bleu vif et des bottes jaunes?

5. Qui est l'aînée des parents survivants de Frodon?

6. De quelle espèce sont les deux arbres marquant la fin du chemin elfique depuis Houssaye?

7. Arwen a deux frères dont le nom commence par E. Pouvez-vous en nommer un?

8. Quel sorcier, longtemps absent, vient voir Frodon à Cul-de-Sac?

9. Qui trouve les poneys des Hobbits après leur départ de Bree et les ramène à M. Poiredebeurré?

10. Quoi doit choisir entre suivre son maître et rester avec Bill le poney?

11. Durant la fête d'anniversaire de Bilbo, que redoutent la plupart de ses invités?

12. Combien de Trolls croisent Pippin et Merry durant leur voyage depuis le Mont Venteux?

13. En quelle langue est rédigée l'inscription qui apparaît sur l'Anneau de Frodon?

14. Que serait devenu Frodon si les Cavaliers Noirs l'avaient poignardé en plein cœur?

15. Par quel autre nom Sauron le Grand est-il connu?

16. Une fois refermées, les portes des Nains sont invisibles : vrai ou faux?

17. Quel est le premier repas que prennent les Hobbits chez Tom Bombadil?

18. Quel genre de créatures sont les trois frères Haldir, Orophin et Rúmil?

19. Quelle fut la cause de la chute de Merry à la vue des Cavaliers Noirs à Bree : la malédiction de Shanor, le Souffle Noir ou l'épée d'Elendil?

20. En quel mois fête-t-on l'anniversaire de Bilbo Sacquet?

21. Qui rattrape Gollum dans les Marais des Morts?

22. Quelle sorte de fleurs tient Tom Bombadil lorsqu'il accueille les Hobbits?

23. En combien de quartiers la Comté est-elle divisée?

24. Selon Gandalf, les rares survivants des Hommes de l'Ouest sont : des Orques,

des Hobbits, des Rôdeurs ou des Esprits servants de l'Anneau?

25. Quelles créatures connaissent Tom Bombadil sous le nom de Torn?

26. Comment s'appelle la Tour du Mordor?

27. De quel roi des Elfes Lúthien est-elle la fille?

28. Qui apprend aux autres que Gollum a échappé aux Elfes?

29. Quel Hobbit est le premier à chanter en l'honneur de Baie d'Or?

30. Quelle créature terrifiante Gandalf invoque-t-il lors de l'anniversaire de Bilbo?

31. De quel matériau, dont le nom commence par M, est faite la cotte de mailles de Frodon?

32. Les Esprits servants de l'Anneau sont les serviteurs des Orques, du Seigneur Ténébreux ou de Tom Bombadil?

33. Quel objet, offert à Frodon, est incrusté de pierres précieuses blanches et accompagné d'une ceinture de perles et de cristal?

34. À quel jeu Bilbo et Gollum jouent-ils par défi?

35. Dame Galadriel est-elle une Elfe, une Naine, une Hobbit ou une Orque?

36. Quel âge avait Bilbo lorsque Frodon vint habiter chez lui: 69, 99, 109 ou 111 ans?

37. Quel Elfe s'avère être le gardien de l'Anneau d'adamant?

38. Quel genre de créatures détournent l'attention des Elfes, permettant à Gollum de s'échapper?

39. Les cheveux de Nob se dressent sur sa tête lorsqu'il rencontre Gandalf, un Cavalier Noir ou Saroumane?

40. Pour leur anniversaire, les Hobbits offrent-ils ou reçoivent-ils des cadeaux?

41. Radagast le Brun fut membre du même ordre de magiciens que Gandalf: vrai ou faux?

42. Le Vieux Clos est un tabac à pipe, un vin rouge ou un onguent?

43. Quel phénomène naturel redoutent les Cavaliers Noirs?

44. Quel est le nom de famille de l'ami de Frodon prénommé Foulque?

45. À part une épée, quel objet porte Gandalf durant son voyage depuis Fondcombe?

46. Quelle arme blesse Frodon au Mont Venteux: un coutelas, une épée, un bâton ou une lance?

47. Quel bijou Tom Bombadil prend-il dans le trésor de sa compagne, Baie d'Or?

48. Selon les légendes elfiques, y a-t-il sept, neuf ou onze Anneaux pour les seigneurs des Nains?

49. Quelles sont les premières créatures que rencontre la Compagnie dans la Forêt d'Or?

50. Baie d'Or dit aux Hobbits que Tom Bombadil est un Orque: vrai ou faux?

QUIZ 6

1. Les Hobbits supportent-ils les hauteurs?

2. Qui fut emprisonné au sommet d'Orthanc?

3. D'après les légendes elfiques, combien d'Anneaux existe-t-il pour le Seigneur Ténébreux?

4. Quel rassemblement très attendu se tient en octobre à Fondcombe?

5. Thorin Écu de Chêne était-il un Nain, un Homme ou un Elfe exilé?

6. Quel bijou Dame Galadriel offre-t-elle à Aragorn?

7. Quelle position Will Piedblanc occupe-t-il dans la Comté?

8. Chez le père Maggotte, combien d'autres personnes partagent leur repas avec Frodon, Sam et Pippin?

9. Mlle Primula Brandebouc était-elle l'épouse, la mère ou la grand-mère de Frodon?

10. Selon la description de Gandalf, Frodon est-il plus petit, plus rond ou plus grand que la majorité des Hobbits?

11. Qui demande à Gandalf de s'allier à lui dans sa conquête de la Terre du Milieu?

12. Avec qui Frodon escalade-t-il l'arbre pour aller retrouver les Elfes de la Forêt d'Or?

35

13. Quel genre de créatures Frodon croit-il apercevoir au sommet des vagues au gué de Fondcombe?

14. Quel objet Dame Galadriel montre-t-elle à Sam et à Frodon?

15. Quel est le nom du siège sur la colline d'Amon Hen?

16. Quel nom, commençant par D, fut donné aux Portes de la Moria?

17. Comment s'appelle le Rôdeur que Frodon rencontre à l'auberge du Poney Fringant?

18. En plus de Frodon, combien de Hobbits traversent la rivière Brandevin?

19. Le Dragon Vert est-il une auberge pour Hobbits, un plat chaud au fromage ou une ancienne pierre runique?

20. Quel est l'âge d'un Hobbit célébrant son undécante-unième anniversaire?

21. Combien de baignoires Merry a-t-il installées à Creux-de-Crique?

22. Qui se met à parler de l'anniversaire de Bilbo aux étrangers à l'auberge du Poney Fringant?

23. Qu'arrive-t-il à l'épée de Frodon lorsque des Orques s'en approchent?

24. Qui a donné à Gandalf le cordial d'Imladris qu'il partage avec les autres au cours de leur voyage?

25. Après le festin de Fondcombe, qui Frodon trouve-t-il sur un tabouret avec du pain et de l'eau?

26. Qui possédait une épée à la lame brisée trente centimètres au-dessus de la crosse?

27. Combien de chiens accompagnaient le fermier Maggotte lorsqu'il croisa la route de Frodon, Sam et Pippin?

28. Qui est retenu captif par les Elfes des bois?

29. La Maison des Mathoms de Grand'Cave est un tribunal, un palais, un musée ou une église?

30. Quel est le nom de famille de ceux à qui Frodon vend Cul-de-Sac?

31. Parmi ces noms, lequel est celui d'un des chiens du fermier Maggotte: Rage, Croc, Terreur ou Griffu?

32. Le poney de Tom Bombadil est-il plus grand ou plus petit que les autres?

33. Qui Grands-Pas rencontre-t-il au gué de Bruinen le 1er mai 1418?

34. Lorsqu'il regarde dans le Miroir de Galadriel, qui Frodon n'y voit-il pas : son père, Drogon, Gandalf ou Bilbo ?

35. Quel membre de la Maison d'Elrond, aux cheveux dorés, accueille Grands-Pas et les Hobbits à leur arrivée ?

36. Combien de bateaux la Communauté utilise-t-elle pour descendre la rivière Cours d'Argent ?

37. Quel ami de Frodon Sacquet a pour nom Meriadoc ?

38. Selon le conseil de Gandalf, où Frodon doit-il jeter l'Anneau afin de le détruire ?

39. Quel type d'accessoires attendent les Hobbits chez Tom Bombadil : des chaussures, des chaussettes ou des chaussons ?

40. À l'auberge du Poney Fringant, qui appelle Frodon d'abord Maître Soucolline, puis M. Sacquet ?

41. Combien de portes permettent d'entrer dans le cercle de l'Isengard ?

42. Après la disparition de Gandalf dans l'abîme, qui prend la tête de la Compagnie ?

43. Qui est le premier à découvrir que Frodon porte une cotte de mailles ?

44. Dans quelle ville habite Bill Fougeron ?

45. Comment s'appelle le poney de Tom Bombadil ?

46. Quel jardinier de Cul-de-Sac surprend la conversation entre Gandalf et Frodon ?

47. En langue elfique, Mellon signifie : ami, ennemi, épouse ou Seigneur Ténébreux ?

48. Qui s'enfuit de la maison de Creux-de-Crique à l'arrivée des Cavaliers Noirs ?

49. Quel est le nom usuel de Peregrin Touque ?

50. Quel est le prénom du père de Frodon ?

QUIZ 7

1. Avec quelles créatures Bilbo effectue-t-il son dernier voyage avant de s'installer à Fondcombe ?

2. Qu'est-ce qui sort de l'eau pour saisir le pied de Frodon ?

3. Quelle sorte de créature était Thorin Écu-de-Chêne ?

4. Dans l'auberge du Poney Fringant, que faisait Frodon lorsqu'il devint invisible?

5. Qui vient sauver les Hobbits du galgal?

6. Qui retrouva Frodon et les autres au bac permettant de traverser le Brandevin?

7. Les retrouvailles entre Gandalf et Frodon à Cul-de-Sac sont les premières depuis combien d'années?

8. Quel magicien est célèbre dans toute la Comté pour son don à manier la lumière, les flammes et la fumée?

9. De quel matériau est fait le bassin du Miroir de Galadriel?

10. Depuis combien de temps Ham Gamegie s'occupe-t-il du jardin de Bilbo à Cul-de-Sac?

11. Qui tombe dans l'eau à Parth Galen alors qu'il tentait d'empêcher Frodon de partir seul?

12. Avec combien de personnes Frodon cohabite-t-il après que Bilbo a quitté Cul-de-Sac: une, trois ou aucune?

13. Selon Gandalf, il existe toujours des dragons en Terre du Milieu: vrai ou faux?

14. Avec quelle arme Frodon attaque-t-il la main qui rampe vers ses amis sur le galgal?

15. Grands-Pas accepte de donner à Frodon des informations vitales, mais que demande-t-il en échange?

16. Qui fut le roi du Royaume des Nains: Dáin, Glóin ou Nori?

17. Combien de marches décompte la Compagnie alors qu'elle s'éloigne des Portes de Durin pour s'enfoncer dans la Moria?

18. Qui donna à Frodon son épée avant qu'il ne parte de Fondcombe?

19. Quelle famille hobbit réside au 3, chemin des Trous du Talus?

20. Nen Hithoel est: une petite rivière, un lac pâle, une colline boisée ou une caverne?

21. Qui part en bateau avec Merry et Pippin?

22. Le Tournesaules rejoint quelle rivière en dessous de Fin-de-Barrière?

23. Durant la bataille de la Moria, le chef des Orques frappe-t-il Frodon au flanc gauche ou au flanc droit?

24. Pippin et Merry ne font pas partie de la Compagnie de l'Anneau : vrai ou faux ?

25. Quelle est la taille que les Hobbits dépassent rarement ?

26. Quel vieux vêtement élimé et trop grand pour lui Bilbo porte-t-il après sa fête d'anniversaire ?

27. Bilbo a-t-il trouvé l'Anneau dans un lac, une mine ou une forêt ?

28. Par quel nom, commençant par D, Bilbo appelle-t-il Grands-Pas ?

29. Qui est le dernier à voir Frodon avant son départ de Cul-de-Sac ?

30. Alors que la Compagnie s'apprête à traverser le pont de la Moria, quelle créature sort de la masse des Orques ?

31. Prosper Poiredebeurré est le gardien de quelle auberge ?

32. Qui soigne la blessure que Frodon reçoit au Mont Venteux ?

33. Qui Frodon soupçonne-t-il de les suivre depuis la Moria ?

34. Où se trouve Frodon lorsqu'il utilise l'Anneau pour la seconde fois ?

35. Qui, accompagné d'Aragorn, se fraie un chemin à travers les congères pour que les autres puissent passer?

36. Lequel des Hobbits a repéré en premier les Cavaliers Noirs dans le village de Bree?

37. En quel mois les éclaireurs sont-ils partis en expédition pour découvrir que les Cavaliers Noirs et autres puissances maléfiques étaient de retour?

38. Qui créa la vague qui balaie le gué de Fondcombe?

39. En quelle année Frodon a-t-il commencé sa grande aventure?

40. Sur le tertre des Hauts, que place-t-on autour de la taille de Pippin, Sam et Merry?

41. Quel est le nom de l'arbre qui tente de prendre les Hobbits au piège?

42. Qui est la silhouette baignée de lumière blanche qui apparaît au gué de Fondcombe?

43. Qui, selon Gandalf, est devenu le maître de Cul-de-Sac en l'absence de Bilbo?

44. De quelle rivière Cours d'Argent est-elle un affluent?

45. Quel objet Bilbo offre-t-il à Adelard Touque?

46. Comment les Hobbits appellent-ils quelque chose qui ne leur sert à rien, mais qu'ils gardent tout de même?

47. Quelle constellation les Hobbits nomment-ils la Faucille?

48. Quel compagnon de Frodon disparaît des rives de la Tournesaules?

49. Parmi les symboles suivants, lequel ne se trouve pas sur les Portes de Durin: une enclume, une hache, un marteau ou une étoile?

50. Qui représente les Elfes dans la Compagnie de l'Anneau?

QUIZ 8

1. Où travaillent Bob et Nob?

2. Quel est le mot de passe permettant d'ouvrir les Portes de la Moria?

3. La Tour du Soleil Couchant est connue sous quel autre nom?

4. Grands-Pas propose à Frodon et les autres de se diriger vers une colline : laquelle ?

5. D'après Frodon, qui l'a jeté dans la rivière Tournesaules ?

6. Les Hobbits sont-ils plus ou moins grands que les Nains ?

7. Le pic de Tol Brandir se trouve après quels piliers ?

8. Esgalduin est-il : un célèbre ménestrel, un roi troll, un bouclier magique ou une rivière enchantée ?

9. Qu'arrive-t-il à Bilbo à la fin de sa fête d'anniversaire ?

10. Comment s'appelle la cité où vivent les Elfes Galadhrim ?

11. Par qui Tom Bombadil est-il attendu, selon lui ?

12. Dans quel genre d'habitation vivaient originellement les Hobbits ?

13. Qu'allume Gandalf pour chasser les Ouargues ?

14. Quelle race de Hobbits est la plus petite : les Pâles, les Forts ou les Pieds Velus ?

15. Quel Rôdeur est le fils d'Arathorn?

16. Quel est le premier village que croisent les Hobbits après avoir quitté Tom Bombadil?

17. La Haricotière est la propriété de quel fermier?

18. La signature de combien de témoins un document officiel hobbit exige-t-il?

19. L'espérance de vie moyenne d'un Hobbit est-elle de 100, 150 ou 200 ans?

20. Quelles armes portent les personnages figurant sur les Piliers des Rois?

21. Les pieds des Hobbits sont garnis de cuir et couverts de poils: vrai ou faux?

22. Quel Hobbit se retrouve prisonnier d'un arbre?

23. À qui le vers contenu dans la lettre de Gandalf à Frodon se réfère-t-il?

24. Quel compagnon de Frodon n'a encore jamais traversé la rivière Brandevin?

25. Qui Elendil d'Ouistrenesse a-t-il contribué à renverser?

26. Les Forts sont les Hobbits ayant les meilleures relations avec les Nains: vrai ou faux?

27. Qui demande à M. Poiredebeurré de veiller sur Frodon?

28. Combien de personnes sont-elles invitées à la fête d'anniversaire de Bilbo: 48, 64 ou 144?

29. Qui est le premier à accueillir Frodon dans sa nouvelle demeure de Creux-de-Crique?

30. Qu'est-ce qui fait que Frodon perd contact avec les autres dans la Vieille Forêt?

31. L'Anneau de Sauron fut arraché de sa main par: Gil-Galad, Isildur, Elendil ou Drogon Sacquet?

32. Les Hommes d'Ouisternesse étaient-ils alliés ou adversaires du Seigneur Ténébreux?

33. À l'auberge du Poney Fringant, qui n'a pas sollicité un entretien avec Frodon: M. Larmoise, M. Poiredebeurré ou Grands-Pas?

34. Andúril, Flamme de l'Ouest, est le nom qu'Aragorn donne à quel objet?

35. Quel est le membre de la Compagnie qui agresse Frodon pour lui prendre l'Anneau?

36. À part Frodon, combien sont-ils à quitter Fondcombe avec l'Anneau ?

37. Arwen est la fille du seigneur de Fondcombe : comment s'appelle ce dernier ?

38. Sous quel nom Frodon Sacquet se présente-t-il aux étrangers ?

39. Comment les Hobbits appellent-ils leurs policiers ?

40. Qui tue Isildur à coups de flèches : des Orques, des Trolls ou des Esprits servants de l'Anneau ?

41. Où Frodon se retrouve-t-il après sa rencontre avec un Être des Galgals ?

42. Qui le Balrog attrape-t-il avec son fouet pour l'entraîner dans l'abîme ?

43. Comment s'appelle la créature que tue Sméagol pour lui prendre l'Anneau ?

44. Quel membre de la Compagnie rechigne à entrer dans la Forêt d'Or ?

45. Quelle est la couleur des vêtements des amis de Frodon lorsqu'il les trouve dans le tertre des Hauts ?

46. Qui s'occupe des feux d'artifice à la fête de Bilbo ?

47. Quelle forêt les Hobbits abordent-ils après avoir quitté Creux-de-Crique?

48. Les Ouargues sont des serviteurs du Seigneur Ténébreux : vrai ou faux?

49. Comment les Elfes nomment-ils la région que les Hommes appellent Houssaye?

50. Quelle est l'auberge où Grands-Pas et les Hobbits partagent une même chambre pour raison de sécurité?

QUIZ 9

1. Caras Galadhon est : un allié de Sauron, une rivière de Hobbitebourg ou une colline?

2. À Bree, qui vend un poney à Frodon et aux Hobbits?

3. Dans quelle chaîne de montagnes se trouvent Caradhras, la Corne d'Argent et la Tête Couverte?

4. Quelle race de Hobbits est imberbe et préfère les hautes terres et les flancs de colline : les Pâles, les Forts ou les Pieds Velus?

5. Quelles créatures traversent la rivière Brandevin, gelée durant l'hiver 1311 : des loups blancs, des ours gris ou des Orques noirs ?

6. Combien de tours elfiques juchées sur la Colline des Tours peut-on voir depuis la Comté ?

7. Le Miroir de Galadriel fut découvert dans la Moria, la Lothlórien ou la Vieille Forêt ?

8. Quel objet appartenant à Frodon est surnommé le Fléau d'Isildur ?

9. Les Hobbits quittent-ils Bree à 10 heures, 2 heures ou 4 heures ?

10. Quel membre de la Compagnie affronte le Balrog sur un pont, dans la Moria ?

11. À part Frodon, qui parmi les Hobbits a lu une partie du livre de Bilbo Sacquet ?

12. Qui était centenaire lorsqu'elle finit par se déclarer propriétaire de Cul-de-Sac ?

13. De quelle couleur sont les vêtements que trouve Frodon à son réveil à Fondcombe ?

14. Le village de Bourg de Touque se trouve en Eregion, Rohan ou Hobbitebourg ?

15. Combien de Cavaliers Noirs se trouvent sur le pont de Mitheithel à l'arrivée de Glorfindel?

16. Quel objet fort utile à l'escalade Frodon se rappelle-t-il plusieurs fois de ne pas oublier avant de partir?

17. Le fermier Maggotte a un chien nommé Étau: vrai ou faux?

18. À Fondcombe, quel Hobbit récite un poème si long que Frodon s'endort?

19. Quel bijou Bilbo utilise-t-il pour quitter sa fête d'anniversaire?

20. Legolas est-il un Elfe, un Nain, un Hobbit ou un Orque?

21. Combien de nuits Frodon passe-t-il dans sa nouvelle maison de Creux-de-Crique avant d'entamer sa quête?

22. Qui est la mère d'Elrond: Elendil, Isaldor, Baie d'Or ou Elwing?

23. Quel est le nom, commençant par R, de la Marche des Cavaliers?

24. M. Poiredebeurré quitterait Bree à la première occasion: vrai ou faux?

25. Quelles sont les «années intermédiaires» d'un Hobbit: 8-15, 12-20 ou 20-33?

26. Durant le séjour de la Communauté dans les sous-sols de la Moria, ceux-ci sont-ils : embrasés, enterrés sous une avalanche ou inondés ?

27. Qui supplie Frodon de l'accompagner à Minas Tirith ?

28. Quelle créature aveugle Gollum attrape-t-il pour la dévorer toute crue ?

29. Quel genre de lieu est Celebrant ?

30. Durant le voyage de la Communauté, avec quel Nain l'Elfe Legolas se dispute-t-il ?

31. Le chemin des Trous du Talus comprend deux, trois, cinq ou douze habitations ?

32. Qui manque de se faire transpercer le cœur par une lame morgul ?

33. Quel Hobbit jette une pierre dans un puits de la Moria et se fait réprimander par Gandalf ?

34. Dans la Vieille Forêt, les Hobbits rencontrent un être vêtu d'une robe verte et d'une ceinture dorée : de qui s'agit-il ?

35. En 1342, Bilbo quitta la Comté, revint en Comté ou naquit en Comté ?

36. Vers quel endroit, commençant par la lettre R, Aragorn suggère-t-il que la Compagnie dirige ses bateaux?

37. À son réveil à Fondcombe, en quel endroit de son corps Frodon découvre-t-il l'Anneau?

38. Papa Bipied est-il le voisin des Gamegie, des Sacquet ou des Brandebouc?

39. La Haute Barrière est un endroit qui désigne la fin d'une terre chère aux Hobbits : laquelle?

40. Qui possède la dernière maison du village de Bree et abrite un mystérieux Homme du Sud?

41. Quel genre de créatures Sam Gamegie rêve-t-il de voir depuis des années?

42. Quel est le nom de famille des frères Marchon et Blancon : Saroumane, Sacquet, Pales ou Brandebouc?

43. Sous quel autre nom connaît-on la montagne de Barazinbar?

44. Quel est le lien de parenté entre Bilbo et Angelica Sacquet?

45. À quelle auberge les Hobbits placent-ils des leurres dans leurs lits?

46. Celebdil la Blanche est-elle une sorcière, une montagne ou une reine elfe?

47. Les arbres de la Vieille Forêt bougent leurs branches à volonté: vrai ou faux?

48. Quel Hobbit est le premier à regarder dans le Miroir de Galadriel?

49. Baranduin est un cours d'eau; quel est son autre nom?

50. Les Pâles préfèrent-ils les terres boisées, les montagnes ou les basses terres?

Questions sur
Les Deux Tours

QUIZ 1

1. Qui jette depuis Orthanc une balle qui manque Gandalf de peu?

2. Avec quoi Sam frappe-t-il sauvagement le bras de Gollum?

3. La Dame de Rohan se nomme-t-elle Éowyn, Éudor ou Elrond?

4. Quels sont les deux membres de la Communauté de l'Anneau qui mènent une compétition amicale quant au nombre d'ennemis qu'ils ont respectivement tués?

5. Comment s'appelle la ville des Hommes de Númenor?

6. Comment appelle-t-on un rassemblement d'Ents?

7. Quelles créatures tuées par Boromir ont des yeux bridés, des arcs en bois d'if et de courtes épées?

8. Que signifie Bregalad en langage hobbit : Vitargent, Vitbras, Vitsorbier ou Vifpied ?

9. Lors de son combat contre Arachne, est-ce à son premier, second, troisième ou quatrième coup que Sam vise l'estomac ?

10. Après avoir capturé Pippin, les Orques ligotent ses jambes, ses bras et quelle autre partie de son corps ?

11. L'épée d'Éomer se nomme Andúril, Gúthwinë ou Dardante ?

12. Comment s'appellent les jardins jadis cultivés par les Ents, mais désormais dévastés ?

13. Théoden quitte Fort-le-Cor pour attaquer les forces de l'Isengard à l'aube, à midi, au coucher du soleil ou à minuit ?

14. Dans le calendrier de la Comté, chaque mois comporte le même nombre de jours. Combien ?

15. D'après Gorbag, quelle créature rôde encore du côté de Minas Morgul ?

16. Quel est le nom, commençant par L, de ce que mangent Gimli, Legolas et

Aragorn alors qu'ils suivent les Hobbits?

17. Le lebethron est: une boisson sacrée, un arbre, une sorte de pain nourrissant ou un temple?

18. Quel Hobbit est présent lorsque Gollum se demande à haute voix s'il doit ou non voler l'Anneau?

19. Quel magicien arrive au Gouffre de Helm en compagnie d'Erkenbrandt et d'un millier d'Hommes?

20. Lequel est le plus long: l'Escalier Droit ou l'Escalier en Lacet?

21. Quel Hobbit imite Gollum afin de convaincre un Orque qu'il possède l'Anneau?

22. Les Hourns sont parents des Ents, des Orques, des Hommes de Rohan ou des Nains?

23. Comment s'appelle le conseiller avisé de Théoden?

24. De quelle créature parle Sam lorsqu'il appelle ses deux esprits «Sournois» et «Puant»?

25. Comment s'appelle le cor qui résonne au tout début du roman?

26. De quelle couleur sont les cheveux et la barbe de Saroumane ?

27. Quelle puissance maléfique veut dominer le pays des Cavaliers de Rohan ?

28. La Fenêtre du Couchant s'ouvre sur quelle direction ?

29. Les Ents sont-ils plus ou moins puissants que les Trolls ?

30. Pour se nourrir, Arachne boit du sang frais, dévore des créatures vivantes ou dévore des cadavres ?

31. Quelle créature tente en vain de manger le pain elfique de Sam et Frodon ?

32. Qui Aragorn trouve-t-il, blessé, près du lac et à un kilomètre de Parth Galen ?

33. Qui apprend accidentellement à Faramir que Boromir a tenté de voler l'Anneau à Frodon ?

34. Dans quoi Gandalf met-il le globe de verre : un coffre en bois, un linceul fait de cotte de mailles, un tissu ou un sac ?

35. Gimli, Legolas et Aragorn abandonnent leurs bateaux et s'éloignent de la rivière pour poursuivre quelle créature ?

36. La principale bataille entre les Orques et les Cavaliers de Rohan a lieu : à midi,

à minuit, au lever ou au coucher du soleil?

37. Deux membres de la Communauté regardent l'inondation de l'Isengard du haut d'une arche: lesquels?

38. De quel genre de créatures Arachne dut-elle se nourrir pendant bien des années?

39. Après avoir grimpé les deux escaliers, Gollum et les Hobbits traversent-ils un tunnel, un pont ou descendent-ils un ruisseau?

40. Qui a pour symbole une main blanche sur fond noir et la lettre S?

41. Qui tente en vain de trancher les toiles d'araignées dans le repaire d'Arachne?

42. D'après ce que Saroumane dit aux Hommes de Dunland, qu'est-il arrivé aux prisonniers de Rohan?

43. Le seigneur Celeborn met en garde les Hobbits contre quelle forêt?

44. Les palantíri servirent de moyens de communication afin d'éviter l'éclatement du Royaume de Gondor: vrai ou faux?

45. Comment s'appelle la colonne en forme de membre humain qui se dressait jadis en Isengard?

46. Legolas a une façon bien particulière de dormir : laquelle?

47. Quels symboles Frodon, Sam et Gollum gravent-ils épisodiquement sur des arbres abattus?

48. Quelle sorte d'armes a plus d'une fois blessé Boromir?

49. De qui Torech Ungol est-il la tanière?

50. Lorsqu'il rencontre le roi Théoden, Gandalf est-il autorisé à garder son bâton?

QUIZ 2

1. Comment s'appelle la balle de verre qu'on lance sur Gandalf en Isengard?

2. En Isengard, quel Hobbit raconte à Théoden et aux autres l'historique de la pipe et des herbes à fumer?

3. Qu'arrive-t-il au bâton lorsque Sam s'en sert pour frapper le dos de Gollum?

4. Quelle arme ne portent pas les Cavaliers de Rohan : de grandes lances, de lourdes haches, de longues épées ou des boucliers peinturlurés ?

5. Quel tour de magie exécute la corde avec laquelle Sam et Frodon ont descendu Emyn Muil ?

6. Quel Hobbit reçoit une coupure sur le front qui lui laisse une cicatrice ?

7. Selon Faramir, combien de compagnons de Frodon doivent avoir les yeux bandés avant d'être emmenés hors de Henneth Annûn ?

8. De quelles créatures maléfiques les Messagers Ailés sont-ils la réincarnation ?

9. Qui, depuis sa tour, Saroumane tente-t-il de convaincre de s'allier à lui : Frodon, Théoden, Sylvebarbe ou Legolas ?

10. Gandalf n'est guère populaire en Rohan parce qu'il y a dérobé quel objet sacré : une épée, un livre, un cheval ou un cristal ?

11. De quel pays sont originaires les deux soldats humains nommés Mablung et Damrod?

12. Quel est le nom de la femme que Sylvebarbe voudrait bien revoir?

13. Qui offre des armures à Gandalf, Gimli, Legolas et Aragorn avant leur départ pour l'Isengard?

14. Selon les Orques, qui sont les préférés de Sauron?

15. Le vieux Géronte était-il le trisaïeul de Pippin, de Merry, de Sam ou de Frodon?

16. Qu'arrive-t-il à Háma, le capitaine de Théoden, à la bataille du Gouffre de Helm: il est tué, blessé ou il s'enfuit?

17. Gandalf, Aragorn et les autres doivent déposer leurs armes avant de rencontrer le roi Théoden: vrai ou faux?

18. Les Isengardiens et les Hommes du Nord étaient des groupes d'Elfes, d'Orques, de Cavaliers Noirs ou de Nains?

19. Frodon et Sam assistent à une bataille entre les Hommes d'Harad et ceux de quelle autre terre?

20. Nan Curunir est une vallée connue sous quel autre nom?

21. Combien d'Ents Pippin et Merrin voient-ils au rassemblement de Fangorn: 12, 24, 36 ou 48?

22. Cirion était-il le 11ᵉ, le 12ᵉ, le 13ᵉ ou le 14ᵉ Intendant des Hommes de Númenor?

23. Que se passe-t-il le 5 mars: Frodon disparaît, Gandalf et les autres retrouvent Merry et Pippin, ou Háma est tué?

24. Faramir recommande à Frodon et Sam de ne pas boire l'eau provenant de quelle vallée?

25. Comment s'appelle le réseau de cavernes qui impressionne tant Gimli en Rohan?

26. Qui récite un poème de la Comté à propos des Oliphants?

27. En Isengard, qui propose à Gimli de monter à cheval derrière lui?

28. Quel nom Sylvebarbe donne-t-il à la nouvelle forêt qui entourera Orthanc?

29. Quel est le nom, commençant par H, du cheval que les Cavaliers de Rohan prêtent à Aragorn?

30. Quel mot, commençant par un A, désigne les unités par lesquelles les Hobbits mesurent les cordes?

31. Quelles créatures ont réveillé les arbres et leur ont appris à parler?

32. Lorsque Éomer s'agenouille devant Théoden, quel objet personnel lui offre-t-il?

33. Qu'est Ephel Dúath: une ancienne malédiction ent, une chaîne montagneuse, l'épée maléfique de Sauron ou une petite cité elfe?

34. Comment Sam appelle-t-il la créature que les soldats de Gondor nomment Mûmak?

35. Qui enlève soudain Merry et Pippin alors qu'ils se promènent seuls dans la forêt de Fangorn?

36. Quel objet Frodon réussit-il à attraper à la place de l'Anneau alors qu'il regarde l'armée quitter Minas Morgul?

37. Qui est le Maître de l'Ouest et habite Fort-le-Cor, au Gouffre de Helm?

38. Sur une feuille de mallorne, Aragorn découvre des preuves que Merry et Pippin ont survécu: lesquelles?

39. Quel est le nom, commençant par G, de l'Orque qui soupçonne Pippin et Merry de détenir l'Anneau?

40. Quelle est la longueur de la corde que porte Sam Gamegie: 10, 30, 50 ou 90 aunes?

41. Combien de silhouettes Théoden et les autres repèrent-ils à la Porte de l'Isengard?

42. Quelle décoration arborent les défenses de Mûmak?

43. Comment les Ents appellent-ils leurs enfants?

44. Parmi ces trois sites, lequel ne possède pas sa propre palantír: Minas Tirith, Minas Ithil ou Minas Anor?

45. Lorsque Gandalf siffle, quelle créature apparaît dans la forêt de Fangorn?

46. Quel Ent chassa Saroumane jusqu'à la Tour d'Orthanc?

47. Les Hobbits refusent de manger la viande que leur donnent les Orques, car ils ne savent pas de quel animal elle provient: vrai ou faux?

48. De quelle couleur est la Tour gardant le passage vers Mordor que parcourent Gollum et les Hobbits?

49. Avant d'expliquer son plan, Gandalf demande à Théoden de convoquer une certaine personne: de qui s'agit-il?

50. Normalement, les Orques ne peuvent supporter la lumière du jour: vrai ou faux?

QUIZ 3

1. Quelles terres étaient sous le contrôle des Hommes de Númenor: l'Ilithien, l'Eriador ou les Collines de Fer?

2. Qui conduit un petit groupe à Orthanc pour rencontrer Saroumane?

3. Quel membre de la Compagnie est le premier à entrer dans le repaire d'Arachne?

4. Quel membre de la Compagnie est blessé à la tête durant la bataille du Gouffre de Helm?

5. Qui appelle le soleil «Face Jaune»: Sylvebarbe, Sauron, Gollum ou Tom Bombadil?

6. Qui Faramir appelle-t-il le Pèlerin Gris?

7. Combien de doigts Sylvebarbe a-t-il à chaque pied?

8. Quel est le nom, commençant par H, du gardien de la Porte de Théoden?

9. Le père de Faramir est-il le 13e, le 20e, le 26e ou le 36e Intendant?

10. Gollum veut-il que Sam, Frodon et lui voyagent de jour ou de nuit?

11. Qui les Orques surnomment-ils «le Fouineur d'Arachne»?

12. Combien de membres compte le groupe qui va rencontrer Saroumane à Orthanc?

13. Par quels termes, commençant tous deux par G, les Cavaliers de Rohan appellent-ils Gandalf?

14. Où va la créature ailée après être passée au-dessus de la tête de Sam, Frodon et Gollum dans les marais?

15. Par quel nom, commençant par la lettre M, les Elfes appellent-ils Gandalf?

16. Qui crie «Elendil» et affronte les Cavaliers de Rohan?

17. Qui est le plus épuisé par leur longue marche dans les marais: Sam, Frodon ou Gollum?

18. Quelle tour, bâtie sur quatre piliers noirs, trône au centre de l'Isengard?

19. Quel instrument Pippin utilise-t-il pour trancher les liens qui entravent ses poignets?

20. Qui créa jadis les palantíri: les Noldor, les Hommes de Rohan, les Ents ou les Orques?

21. Théodor offre des armures aux membres de la Communauté: qui préfère s'en passer?

22. Quel membre de la Compagnie découvre les cadavres entassés de cinq Orques, dont deux décapités?

23. Durant leur voyage avec Gollum, à quel endroit Frodon et Pippin voient-ils des visages et d'étranges lumières?

24. Quel genre de créatures attaque et tue Boromir?

25. Arachne dispose de plus d'un poison: vrai ou faux?

26. Quel est le seul cheval que Gandalf accepte de monter à cru?

27. Qui était originellement à la tête du Conseil Blanc: Sauron, Saroumane, Galadriel ou Gandalf?

28. Barad-Dûr se trouve dans quelle région de la Terre du Milieu?

29. Au tout début des *Deux Tours*, qui recherche Frodon?

30. Qui dépose du pain, des fruits secs et de la viande séchée dans les sacs de Frodon et Sam avant qu'ils n'entament leur voyage?

31. Sauron autorise ses partisans à écrire et prononcer son véritable nom: vrai ou faux?

32. Quel est le nom de l'arme avec laquelle Frodon oblige Gollum à lâcher Sam?

33. Meduseld est le château doré de quel souverain?

34. Sauron offre ses prisonniers à Arachne pour qu'elle les dévore: vrai ou faux?

35. Combien de combattants se trouvent déjà au Gouffre de Helm avant l'arrivée des forces de Théoden?

36. Combien de soldats gobelins Aragorn et les autres trouvent-ils au milieu des cadavres d'Orques à Parth Galen?

37. À quel membre de la Communauté Pippin offre-t-il sa pipe de rechange?

38. Que tient Frodon dans sa main gauche lorsqu'il avance vers la foule d'yeux dans l'antre d'Arachne?

39. Quel membre de la Compagnie chevauche un cheval sans selle?

40. Combien de routes partant de la Porte du Mordor Frodon remarque-t-il?

41. Quel membre de la Communauté de l'Anneau passe par l'Isengard, où il rencontre Pippin et Merry?

42. Selon Sylvebarbe, les Grandes Guerres impliquaient principalement les humains et quelles créatures?

43. Quel objet en bois Faramir offre-t-il à Sam et Frodon?

44. Gimli, Legolas et Aragorn décident de suivre Frodon en bateau: vrai ou faux?

45. Quelles créatures sont d'immenses gardiens des arbres?

46. Quel nom Gollum donne-t-il aux lumières que Sam et Frodon voient dans les marais ?

47. Aragorn et Éomer attaquent en premier : une catapulte, une tour de siège ou un bélier ?

48. « Pourquoi se presser ? » est la devise de quel personnage ?

49. Par quel moyen Langue de Serpent rejoint-il l'Isengard ?

50. Quel membre de la Compagnie tue plus de vingt Orques avant de succomber ?

QUIZ 4

1. Lorsque Sam rejoint Frodon et Arachne, trouve-t-il Frodon mort, ligoté, endormi ou manchot ?

2. Qui Théoden nomme-t-il son héritier avant de partir pour l'Isengard ?

3. Le cristal d'étoile fut jadis découvert à Fondcombe, Osgiliath ou en Isengard ?

4. Le père d'Éomer est-il Isildur, Gandalf, Éomund ou Sylvebarbe ?

5. Qui a construit les Dents du Mordor: Sauron, les Hommes de Gondor, les Cavaliers de Rohan ou Saroumane?

6. Les Orques aiment cheminer en plein soleil: vrai ou faux?

7. Selon Pippin, quel est le nom, commençant par O, de l'Ent brûlé par les armes de Saroumane?

8. Au Fossé de Helm, quel nouveau paysage apparut soudain pour prendre au piège les Orques?

9. Selon Faramir, qu'est-ce qui causa un problème entre Frodon et Boromir?

10. Qui tient Dard dans sa main droite en entrant dans la tanière d'Arachne?

11. Ouglouk était un Orque du Nord, un Orque de l'Isengard ou un Orque des Déserts de l'Est?

12. À la Croisée des Chemins, la statue géante est incomplète; quelle partie lui manque-t-il?

13. Quel genre de mets elfique est plat et entouré de feuilles?

14. Cirith Gorgor n'est pas gardé: vrai ou faux?

15. Combien de routes se rejoignent au carrefour près de Minas Morgul?

16. Quel membre de la Communauté comprend que Frodon a pris un de leurs bateaux?

17. Lequel de ces lieux ne se trouve pas au Mordor: Ered Lithui, Gorgoroth ou Erebor?

18. Quelle tour construisit Isildur, fils d'Elendil?

19. À la bataille du Gouffre de Helm, combien d'ennemis Legolas a-t-il tués?

20. Quel est l'obstacle qui barre le fond du tunnel dans l'antre d'Arachne?

21. Quelles armes hobbits Legolas, Aragorn et Gimli trouvent-ils en fouillant les cadavres des Orques?

22. Quel est le lien de parenté entre la Dame de Rohan et Éomer?

23. Parmi tous ces noms, lequel ne désigne pas Gandalf: Incánus, Tharkûn, Eldeón ou Olórin?

24. Les puissances du Mal ont créé les Orques pour parodier quelles créatures?

25. Sam surprend la conversation des Orques : selon eux, Frodon est-il vivant, mort, ou s'est-il enfui ?

26. Qui rejoint Aragorn agenouillé devant le cadavre de Boromir ?

27. Qui tient la fiole de Galadriel lorsque Arachne apparaît enfin ?

28. Quelle direction Frodon, Sam et Gollum comptent-ils prendre à la Croisée des Chemins ?

29. Au bout de leur traversée du Mordor, Sam a toujours deux poêles dans son sac : vrai ou faux ?

30. Sam Gamegie se procure une corde à mettre dans son sac : grâce aux bateaux, au Conseil de Fondcombe ou aux Ents de Fangorn ?

31. La dernière fois que les Ents furent menacés fut le temps où les Hommes de la Mer affrontèrent… qui ?

32. Parmi tous ces objets, lequel n'était pas dans le sac de Sam : un couteau bilame, du poivre, du sel ou une cuillère en bois ?

33. Combien de Messagers Ailés y a-t-il en tout ?

34. Quelles créatures se servent des digues pour ravager la forteresse de Saroumane?

35. Par quel nom, commençant par L, les Orques appellent-ils la Tour Sombre?

36. Comment s'appelle le torrent où la Compagnie dépose le corps de Boromir?

37. Quel endroit, pourvu d'une tour, trouve-t-on dans les montagnes d'Ephel Dúath?

38. Combien d'Ents suivent Sylvebarbe lorsque Merry et Pippin les remarquent?

39. À part des lambeaux de viande séchée, quelle nourriture les Orques donnent-ils à leurs prisonniers?

40. Qui s'empare de Sam au moment où il va avertir Frodon de l'arrivée d'Arachne?

41. Quel est le nom, commençant par la lettre B, de l'Ent qui accompagne les Hobbits pendant que siège la Chambre des Ents?

42. Sam, Gollum et Frodon se reposent toute une nuit dans un immense chêne: vrai ou faux?

43. Quel membre de la Communauté n'aime pas les chevaux et monte derrière Legolas?

44. Combien de sorties compte la chambre de pierre qui sert de refuge à Faramir et ses hommes?

45. Quelles créatures sont chargées de garder Saroumane prisonnier d'Orthanc?

46. Combien furent-ils à quitter la cour de Théoden pour se rendre en Isengard: 100, 1 000, 10 000 ou 100 000?

47. Le père d'un personnage le traite de «benêt» à cause de ses trous de mémoire: de quel personnage s'agit-il?

48. À partir d'où Gimli, Legolas et Aragorn commencent-ils à traquer les Orques: Fondcombe, Parth Galen ou Fangorn?

49. Quel est le principal ingrédient du ragoût que Sam cuisine pour Frodon?

50. Qui retrouve Gimli, Legolas et Aragorn tout de blanc vêtu et coiffé d'un chapeau à large bord?

QUIZ 5

1. Combien de cavaliers traversent le Rohan, sous les yeux de Legolas, pour affronter la Compagnie : 25, 55, 105 ou 505 ?

2. La Grande Bataille qui vit la chute de Sauron eut lieu à Dagorlad, Erendor ou aux plaines du Mordor ?

3. Un cheval blanc au galop sur fond vert est le symbole de quelle Maison ?

4. D'après Sylvebarbe, les Ents-hommes et les Ents-femmes ne se retrouveront que lorsque chaque groupe aura tout perdu : vrai ou faux ?

5. Les Orques ne boivent pas d'eau : vrai ou faux ?

6. La mer intérieure de Núrnen se trouve dans quelle région de la Terre du Milieu ?

7. Qui est chargé d'emmener les non-combattants loin de l'Isengard pour les mettre hors de danger ?

8. Comment s'appelle le capitaine des Hommes de Gondor qui rencontre Frodon et Sam ?

9. Le long de quelle rivière Pippin et Merry cheminent-ils après avoir échappé aux Orques?

10. Selon le poète de Rohan, Felaróf était-il le père des chevaux, des rois ou des terres?

11. Éomer appelle les hommes de sa propre maisonnée: éored, éomers, émer ou émors?

12. Quel est le lien de parenté entre Boromir et Faramir?

13. Fort-le-Cor tomba deux fois sous les assauts de l'Ennemi: vrai ou faux?

14. Quel bijou appartenant à un Hobbit Aragorn trouve-t-il dans l'herbe, en Rohan?

15. Qui obtient un Silmaril de la Couronne de Fer à Thangorodrim?

16. Qui Sam et Frodon voient-ils descendre l'Emyn Muil derrière eux?

17. Qui fend sa hache en frappant un Orque portant un collier de fer?

18. Qui repousse Arachne grâce à la fiole de Galadriel?

19. Que fait Sylvebarbe la nuit, pendant que les Hobbits dorment?

20. À Orthanc, qui jette un sort pour que ses paroles apparaissent douces et raisonnables ?

21. Quel membre de la Compagnie de l'Anneau Faramir appelle-t-il le Gardien de la Tour Blanche ?

22. Quelles créatures s'approchent de Sam alors qu'il est près de la Crevasse ?

23. Avec quelles armes s'affrontent Ouglouk et l'Homme qui finit par le tuer ?

24. À la bataille du Gouffre de Helm, les Hommes du pays de Dun combattent-ils du côté de Théoden ou de Saroumane ?

25. Quel mot, commençant par la lettre P, signifie « ce qui voit au loin » ?

26. Quel Hobbit entraîne Gollum loin du lac interdit de Henneth Annûn ?

27. Angrenost est l'autre nom de la demeure de quel magicien ?

28. Après leur départ de l'Isengard, où comptent se rendre Théoden, Aragorn et les autres ?

29. Qui envoie Gwaihir, le Seigneur du Vent, chercher Gandalf ?

30. Quel magicien, selon Sylvebarbe, est le seul à se soucier des arbres ?

31. Pour combien de temps Faramir autorise-t-il Frodon à traverser Gondor?

32. Qui appelle Sam «Samesagace l'Intrépide»?

33. Combien de fois Gollum s'est-il rendu au Mordor avant de rencontrer Sam et Frodon?

34. À part Sylvebarbe, combien des premiers Ents sont toujours en vie?

35. Quelle sorte de créatures sont Shagrat et Gorbag?

36. Quel genre de créature est Grishnákh: un Cavalier de Rohan, un Orque, un Ent ou un Nain?

37. Par quel biais Sauron communique-t-il avec Saroumane?

38. Quels sont les trois aromates, parmi ceux-ci, que Sam demande à Gollum de chercher: des feuilles de laurier, de l'origan, du basilic, du thym, de la menthe, de la sauge ou du romarin?

39. Quel surnom (commençant par la lettre S) les Orques donnent-ils aux Hobbits?

40. À Gondor, Gollum est en sécurité tant qu'il est sous la protection d'un Hobbit: lequel?

41. Quatre Orques portent un corps jusqu'à la Porte d'En Bas : celui de qui?

42. Dans quelle chaîne de montagnes se trouve Methedras?

43. À qui Gandalf donne-t-il le globe de verre afin qu'il le mette en sécurité?

44. Où Gimli, Aragorn et les autres retrouvent-ils Merry et Pippin?

45. Cirith Ungol est un passage à travers les Monts de Cendre, les Monts de l'Ombre ou les Monts Brumeux?

46. En entendant le récit du long voyage d'Aragorn, quel nom lui donne Éomer?

47. Dans la tanière d'Arachne, qui mentionne plusieurs fois le cristal d'étoile?

48. Frodon dit à Gollum qu'ils se dirigent vers quel endroit?

49. Quel Ent les Orques ont-ils jadis blessé : Fladrif, Fangorn ou Finglas?

50. Quel membre de la Communauté tombe du pont de Durin dans la Moria?

QUIZ 6

1. Quel objet est décrit comme «une lumière quand toutes les autres lumières se seront éteintes»?

2. Combien d'enjambées ents Sylvebarbe fait-il pour mener les Hobbits chez lui?

3. Quel membre de la cour de Théoden Éomer menace-t-il de mort?

4. Pippin et Gandalf chevauchent Gripoil jusqu'à quelle ville?

5. Qui réussit à trancher les immenses toiles d'araignées dans le repaire d'Arachne?

6. Le groupe de Cavaliers de Rohan qui croise Legolas, Gimli et Aragorn comprend combien de chevaux sans cavaliers: trois, cinq ou sept?

7. Dans quelles collines désolées Sam et Frodon errent-ils plusieurs jours durant?

8. Pied-de-Feu est l'épée d'Éomer, son épouse, son cheval ou son serviteur?

9. Henneth Annûn est une cascade, une caverne, un temple ou une falaise?

10. Selon la tradition, combien de sièges trouve-t-on dans une demeure ent?

11. Lorsque Sam et Frodon atteignent l'entrée du repaire d'Arachne, qu'est-ce qui les frappe le plus?

12. Quelle partie du corps de Gollum Sam entrave-t-il?

13. Quel soldat de Gondor est le premier à remarquer le bateau emportant le cadavre de Boromir?

14. Qui attrape Langue de Serpent en Isengard?

15. Un groupe d'Orques n'est pas encerclé par les Cavaliers de Rohan, mais se trouve non loin de là; quel est le nom de son chef?

16. Théoden offre deux solutions à Langue de Serpent. La première est la fuite. Quelle est la seconde?

17. Quelle sorte de créature est Finglas, aussi appelé Bouclefeuilles?

18. Le second coup d'épée de Sam frappe quelle partie du corps d'Arachne?

19. Qu'est-ce que Pippin emballe et dépose près de Gandalf endormi?

20. Que font les Cavaliers de Rohan des cadavres des Orques qu'ils ont tués?

21. Gandalf quitte l'armée avant qu'elle n'atteigne l'Isengard : vrai ou faux ?

22. À qui appartient la maison au pied de la Dernière Montagne ?

23. Quel membre de la Communauté Sylvebarbe rencontre-t-il peu avant l'assaut de la forteresse de Saroumane ?

24. Qu'est-ce que Faramir juge bon de faire à Sam et Frodon avant qu'ils puissent continuer leur voyage ?

25. Quelle forêt obscure et étouffante Merry et Pippin traversent-ils ?

26. Quel ancien site, fait de remparts et de tranchées, n'est qu'à deux furlongs du Gouffre de Helm ?

27. Qu'est-ce qui se trouve devant la porte de pierre où Faramir amène Frodon et Sam ?

28. Où Sauron croit-il que se trouvent Pippin et la pierre d'Orthanc ?

29. Lorsque les Orques rencontrent les Hobbits dans la forêt, ils évitent le combat, même après que Pippin a coupé plusieurs de leurs bras : vrai ou faux ?

30. Que chasse Gollum dans le lac interdit de Henneth Annûn ?

31. Quel est le nom, commençant par L, de l'Orque à qui l'on ordonne de mettre les Hobbits sous bonne garde?

32. Comment s'appelle le cheval que monte Théoden jusqu'en Isengard: Nivacrin, Nivapoil ou Lestepied?

33. Parmi ces personnages, deux seulement se rendent à Orthanc pour voir Saroumane: Frodon, Théoden, Sylvebarbe, Merry ou Aragorn; lesquels?

34. Deux Hobbits sont prisonniers des Orques: lesquels?

35. Qui Faramir surnomme-t-il la Maîtresse de la Magie?

36. Quel est le titre de Théodred, fils de Théoden?

37. Combien de marches de pierre mènent à l'entrée d'Orthanc: 17, 27, 37 ou 47?

38. Les chevaux prêtés à Gimli, Legolas et Aragorn disparaissent-ils de jour ou de nuit?

39. Le Grand Nazgûl mène une grande armée loin de Minas Morgul: vrai ou faux?

40. Quel Homme de Númenor conseille à Frodon de ne pas se rendre à Cirith Ungol?

41. L'ancienne épée Herugrim appartient à quel chef?

42. Frodon, Sam et Gollum entendent un grand cri, et d'immenses armées jaillissent de quelle tour?

43. Qui garde sous clé l'épée de Théoden?

44. Après Frodon, qui est le premier à porter l'Anneau?

45. Où la flèche tirée par un Cavalier de Rohan blesse-t-elle Grishnákh?

46. Quels sont les deux objets que Gandalf demande à Saroumane de lui remettre?

47. Quelle est la couleur de l'œil peint sur les boucliers des Orques du Nord?

48. Quelle créature Frodon et Faramir repèrent-ils dans les eaux de Henneth Annûn?

49. Qui communique avec Pippin grâce au globe de verre?

50. Quelle est la taille de Sylvebarbe: au moins sept, neuf, onze ou quatorze pieds?

QUIZ 7

1. Arachne est née bien avant Sauron : vrai ou faux ?

2. Les Hommes de Gondor sont équipés de deux de ces accessoires : des sacs à dos verts, des masques verts, des gantelets verts ou des armures vertes ?

3. Lequel de ces noms ne désigne pas Sylvebarde : Fangorn, Ent ou Denuidin ?

4. Au début de leur voyage avec Gollum, Sam dit à Frodon que le pain elfique devrait leur durer plusieurs semaines : combien ?

5. Qui tue d'une flèche la monture d'un Messager Ailé ?

6. À part la pierre d'Orthanc, combien de palantíri furent créées ?

7. Qui, d'après Gandalf, est la créature la plus âgée de toute la Terre du Milieu ?

8. En quatre jours, Gimli, Aragorn et Legolas parcourent : 24, 30, 45 ou 60 lieues ?

9. Le Mur du Gouffre mesure dix, vingt, trente ou cinquante pieds de haut ?

10. Combien d'entrées présente la Tour d'Orthanc?

11. Pour prouver qu'il le connaît, quel objet appartenant à Boromir Frodon cite-t-il à Faramir?

12. Qu'emploie Sam pour sauver Frodon en l'aidant à escalader la falaise?

13. Que faisaient Merry et Pippin juste avant de retrouver Gandalf et les autres?

14. Quel est le nom de l'Aigle que Gandalf envoie aux nouvelles?

15. Comment s'appelle le langage employé par Sylvebarbe?

16. Qui, selon Ouglouk, nourrit les Orques de chair humaine?

17. La première nuit après leur départ de l'Isengard, Gandalf, Merry et les autres découvrent un corps rigide, à plat dos; de qui s'agit-il?

18. Quel objet brandissent les Orques pour punir les Hobbits: un fer chauffé à blanc, des menottes, un fouet ou un énorme poids?

19. Gollum commence par mener Sam et Frodon vers : une chaîne montagneuse, des marais, une forêt ou un lac ?

20. Qui monte derrière Gandalf sur Gripoil pour se rendre au château de Théoden ?

21. Quel surnom, commençant par P, les Orques donnent-ils aux Cavaliers de Rohan ?

22. Quel membre de la Compagnie Sylvebarbe n'entraîne qu'à contrecœur dans la forêt ?

23. La Dame de la Lórien donne à la Compagnie : des jarres d'hydromel, une potion au miel, un pain reconstituant ou de la viande fumée ?

24. De qui Gandalf accuse-t-il Langue de Serpent d'être le serviteur ?

25. Où Pippin découvre-t-il deux tonneaux de la meilleure herbe à pipe nommée Sonnecor ?

26. Selon Gandalf, où l'Ennemi de la Communauté croit-il qu'elle se dirige ?

27. Quel est le lien de parenté entre Théoden et Éomer ?

28. À Emyn Muil, à quoi Frodon accroche-t-il sa corde avant de faire descendre la falaise à Sam?

29. Après avoir trouvé des lapins, quelle tâche Sam confie-t-il à Gollum?

30. Après avoir transporté Gandalf, Gripoil ne retourna jamais en Rohan: vrai ou faux?

31. Qui prit l'Anneau à Frodon inconscient pour le passer autour de son propre cou?

32. Quels sont les trois membres de la Communauté nourris par Merry et Pippin en Isengard?

33. Lorsque Gandalf et les autres le rencontrent, combien de personnes accompagnent Théoden?

34. Quels anciens adversaires des Hommes de Númenor les assistent en gardant la Marche du Nord?

35. Lequel des Hobbits Arachne réussit-elle à piquer?

36. La pipe à herbes que découvrent Merry et Pippin provient de quelle région de la Terre du Milieu?

37. Quel châtiment encourt-on lorsqu'on entre dans Henneth Annûn sans y être invité?

38. Qui les Orques de Minas Morgul décrivent-ils comme «un Elfe en plus petit»?

39. Combien de chevaux les Cavaliers de Rohan prêtent-ils à Gimli, Legolas et Aragorn?

40. Où Sam et Frodon voient-ils une myriade d'yeux terrifiants qui les épient?

41. Quel nom, commençant par N, donne-t-on aux Messagers Ailés du Mordor?

42. Quel geste insultant Langue de Serpent a-t-il envers Théoden avant de fuir?

43. Les Cavaliers de Rohan connaissent les Hobbits pour les avoir côtoyés par le passé: vrai ou faux?

44. Gandalf révèle que Gríma, fils de Galmod, est le vrai nom de quel personnage?

45. Comment appelle-t-on les deux tours qui gardent l'entrée de Cirith Gorgor?

46. Quelle arme tue Grishnákh?

47. Beleriand est l'endroit où une épée fut forgée: laquelle?

48. Osgiliath se trouve à l'est, à l'ouest ou au sud du croisement où Gollum emmène Sam et Frodon?

49. Alors que Sam, Frodon et Gollum entrent dans le Mordor, quelles montagnes se trouvent à l'ouest?

50. Quel est le nom du commandant des Orques qui retiennent prisonniers Pippin et Merry?

QUIZ 8

1. Imlad Morgul est connu sous quel autre nom tout aussi effrayant?

2. Qui tue les Orques qui ont emmené Merry et Pippin?

3. Arachne ne mange que des Nains et des Hobbits: vrai ou faux?

4. De quel Hobbit Aragorn voit-il les empreintes dans les herbes de Rohan?

5. Quelle direction Frodon, Sam et Gollum prennent-ils à partir de la Porte du Mordor?

6. Cirith Gorgor est connu sous quel autre nom tout aussi inquiétant?

7. Qui Gollum est-il allé trouver avant que les Hobbits ne s'aventurent dans l'antre d'Arachne ?

8. Que fait Gollum lorsque Sam le ligote ?

9. Quel Orque verse un liquide brûlant dans la bouche de Pippin afin de le ranimer ?

10. Lorsque Gandalf exclut Saroumane de l'Ordre et du Conseil, quel objet brisa-t-il ?

11. Quel Cavalier de Rohan avait pour titre Troisième Maréchal de la Marche ?

12. Quel membre de la Communauté croit que le vieil Homme qu'ils ont repéré dans la forêt de Fangorn n'est autre que Saroumane ?

13. Qui arrive en premier en Isengard après que les eaux ont inondé la forteresse ?

14. Quel escalier Gollum et les Hobbits gravissent-ils d'abord : l'Escalier Droit ou l'Escalier en Lacet ?

15. L'épée orque traditionnelle est un sabre à lame recourbée (cimeterre), une rapière à longue lame ou une épée à lame courte ?

16. Quel nom Faramir donne-t-il à l'Anneau que Frodon a en sa possession?

17. Combien de cavaliers accompagnent Gandalf du Gouffre de Helm en Isengard: moins de dix, moins de trente, moins de cinquante ou plus de cinquante?

18. Quel Cavalier de Rohan tue Ouglouk?

19. Avec qui Pippin chevauche-t-il après avoir vu un Nazgûl dans le ciel nocturne?

20. Où décide de se rendre la Chambre des Ents?

21. Comment s'appelle le groupe d'Orques ayant pour mission de capturer les Hobbits?

22. À part le chapeau de cuir et d'acier, quel autre moyen de protection Gimli prend-il dans l'arsenal de Théoden?

23. Quel est le nom, commençant par A, de la rivière où Faramir voit le cadavre de son frère?

24. Quelle rivière est détournée pour attaquer la forteresse de Saroumane: le

Brandevin, l'Isen, l'Entalluve ou l'Anduin?

25. Que tend à Gimli, Aragorn et Legolas le vieil Homme qui apparaît soudain devant eux?

26. Qui s'occupe de l'Isengard juste après la chute de Saroumane?

27. Dans quoi Aragorn, Gimli et Legolas placent-ils le corps de Boromir?

28. Quelle nourriture Gollum rapporte-t-il de la forêt pour Sam et Frodon?

29. Qui coupe l'une des griffes d'Arachne d'un revers de l'épée Dard?

30. Éomer sert-il Éomund, Sauron, Saroumane ou Théoden?

31. Les Hobbits apprennent à cuisiner avant d'apprendre à lire: vrai ou faux?

32. Qu'est-ce que l'Entalluve: un lac, une plaine sablonneuse, une rivière ou une forêt?

33. Anborn est un Elfe, un Homme de Númenor, un Cavalier de Rohan ou un Cavalier Noir?

34. Quelle ville est aussi appelée la Cité Morte?

95

35. Qui s'arrange pour retrouver le seigneur de la Marche et les autres au Gouffre de Helm?

36. Qui s'empara du globe de verre de Gandalf pendant son sommeil?

37. Dans quelle direction Faramir et ses hommes se tournent-ils avant le repas?

38. Eorl le Jeune conduisit son peuple loin des Terres du Nord: étaient-ce les Rohan, les Ent ou les Elfes des bois?

39. Dans quelle partie du corps de Sam Gollum plante-t-il ses dents?

40. Quel objet Frodon utilise-t-il pour éclairer son chemin dans l'antre d'Arachne?

41. Lorsque Frodon lui dit douter qu'ils reviennent vivants des Crevasses du Destin, Sam se met à pleurer: vrai ou faux?

42. Combien d'hommes Faramir laisse-t-il pour garder Sam et Frodon?

43. Gandalf sait que Sam accompagne Frodon dans sa quête: vrai ou faux?

44. Quel membre de la Compagnie est le premier à s'adresser aux Cavaliers de Rohan?

45. Qui Gandalf conseille-t-il à Théoden d'envoyer vers les montagnes pour qu'ils y soient en sécurité?

46. Combien d'hommes s'aventurent dans les fougères après avoir repéré le feu de Sam?

47. Permet-on aux Orques de fouiller leurs captifs hobbits?

48. Qui décapite deux Orques pour sauver Éomer d'une embuscade?

49. Comment s'appelle le cheval de Rohan que seul le seigneur de la Marche peut monter?

50. Gandalf suggère à Saroumane qu'il aurait pu gagner sa vie comme jongleur, bouffon ou forgeron?

Questions sur
Le Retour du Roi

QUIZ 1

1. Avec quel autre Hobbit Bilbo part-il vers les Havres Gris?

2. Umbar est-il au nord, au sud, à l'est ou à l'ouest de Minas Tirith?

3. Quelle est la longueur du bélier qui brise la Porte de Minas Tirith?

4. Le groupe de bandits devant l'Auberge du Dragon Vert est-il composé d'Orques, de Nains ou d'Hommes?

5. Par quel nom les Hommes de Minas Tirith appellent-ils Gandalf?

6. Snaga se querelle avec un chef orque et l'affronte sous les yeux de Sam: quel est le nom de ce chef?

7. Quel Hobbit épouse Rosie Chaumine au printemps 1420?

8. Comment Merry se dissimule-t-il pour partir en guerre avec les Cavaliers de Rohan?

9. Quel endroit, dont le nom commence par O, fut jadis la capitale de Gondor?

10. Qu'arrive-t-il à l'épée de Merry après qu'il a frappé le seigneur des Nazgûl?

11. Par quel mot, commençant par V, Frodon, Sam, Pippin et Merry sont-ils connus dans la Comté?

12. Selon ce que Gandalf dit à Pippin, qui pourrait revenir prendre la tête du Royaume de Gondor?

13. Lorsque Sam retrouve Frodon dans la Tour, ce dernier porte-t-il une robe, ses vieux vêtements, une armure ou rien du tout?

14. Qui décide de ne pas entrer immédiatement dans Minas Tirith: Imrahil, Aragorn ou Éomer?

15. À Minas Tirith, qui raconte à Gandalf et Pippin sa rencontre avec Frodon et Sam?

16. Combien de flèches lance le chef des bandits lorsqu'il tente de toucher Merry?

17. Quelle partie du corps de Merry devient inerte après son combat contre le seigneur des Nazgûl?

18. Dans quelle contrée la nouvelle année commencera-t-elle toujours à la date anniversaire de la chute de Sauron?

19. Quel est le nom de l'habitant de Minas Tirith envoyé à Pippin pour lui apprendre des mots de passe?

20. Dame Galadriel arrive à Minas Tirith sur un cheval blanc: vrai ou faux?

21. Rath Dinen, la route de Minas Tirith, est aussi connue sous un autre nom: lequel?

22. Qu'arrive-t-il à la porte de l'arche après que Sam et Frodon l'ont franchie?

23. Qui Théoden nomme-t-il roi de Rohan avant de mourir?

24. Lequel de ces endroits n'a pas de fanal: Erelas, Nardol, Fondcombe ou Calenhad?

25. À qui Langue de Serpent tranche-t-il la gorge avec le couteau qu'il cache?

26. Les soldats de Sauron montrent à Gandalf et aux autres les biens de deux personnes: lesquelles?

27. Quel est le nom, commençant par I, du prince qui règne sur les Terres de Belfalas?

28. Qui restera des jours au chevet de Faramir pendant le siège de Minas Tirith?

29. La Vallée de Morthond se trouve à Fondcombe, derrière la Porte Noire ou en Eriador?

30. Dans la Tour, Sam ne porte que deux accessoires pour se déguiser: le premier est un casque; quel est le second?

31. Le premier Conseil après la bataille des Champs du Pelennor a-t-il lieu à l'intérieur ou a l'extérieur des murs de Minas Tirith?

32. Comment s'appelle le premier enfant de Sam: Frodon, Elanore, Erasmus ou Galadriel?

33. Quel est le premier élément de son déguisement, au Mordor, que Frodon rejette?

34. La pierre d'Erech est de la taille d'un Hobbit, d'un Homme ou de deux Hommes?

35. Legolas se rend-il aux Cavernes Étincelantes avec Gimli?

36. Duilïn et Derufin étaient les fils de Golasgil, de Denethor, de Duinhir ou d'Imrahil?

37. Un roi impose les mains. Quel royaume gouverne-t-il?

38. Qui tue Lothon Sacquet de Besace dans son sommeil?

39. Comment s'appelle le Cavalier de Rohan qui cache Merry?

40. Quels Hobbits sont forcés de rejoindre une marche orque?

41. Combien de murs protègent la ville connue sous le nom de Côte Gardée: trois, cinq, sept ou neuf?

42. Narchost et Carchost sont les noms de quelles tours du Mordor?

43. Quel membre de la Communauté guide les vaisseaux jusqu'à Minas Tirith?

44. Quel ami proche de Frodon et des autres retrouve-t-on dans les Trous-prisons de la Comté?

45. Grâce à quoi Sam peut-il passer devant les Deux Tours?

46. Peregrin, fils de Paladin, est le nom que Denethor donne à un membre de la Communauté: lequel?

47. La Bouche de Sauron est une statue, une pierre magique ou un messager à cheval?

48. Qui sont les deux Hobbits qui grandissent après avoir absorbé un breuvage magique ent?

49. Après la défaite de Sauron, à qui Frodon laisse-t-il découvrir Minas Tirith?

50. De quelle couleur sont les voiles des bateaux en partance pour Minas Tirith?

QUIZ 2

1. Quels biens, appartenant à Boromir, Denethor montre-t-il à Gandalf et Pippin?

2. Qui transmet les nouvelles et raconte des histoires à Saroumane tant qu'il reste prisonnier de la Tour d'Orthanc?

3. Comment s'appelle le poney de Merry, avec lequel il suit Théoden?

4. Lequel des Hobbits reconnaît Hob Garde-clôture?

5. Rath Celerdain est-elle la rue des Lanterniers ou la rue des Forgerons?

6. Qui disparut de la Porte de Minas Tirith lors de la charge des Rohan?

7. En quoi furent transformés les vieux tunnels de Grand'Cave?

8. Durant la bataille des Champs du Pelennor, Éowyn se fait casser un bras: est-ce celui qui tient son épée ou celui qui tient son bouclier?

9. Combien de dizaines de brasses mesure la Tour Blanche de Minas Tirith?

10. Qui Sam voit-il en cherchant de l'eau, de nuit, dans le Mordor?

11. Que prévoit Denethor pour sa propre mort et celle de Faramir?

12. À Minas Tirith, les nouveaux habits de Pippin sont-ils verts, noir et argent ou rouge et bleu?

13. Quel Hobbit reçoit un grand coup dans le dos alors qu'il contemple les Crevasses du Destin?

14. Qui Aragorn cite-t-il pour qualifier les Chemins des Morts: Malbeth le Voyant, Gregor le Sage ou Wheeler le Rusé?

15. À qui Merry donne-t-il de l'herbe à pipe par pitié?

16. Qui est le second personnage que Pippin mène aux Maisons de Guérison ?

17. Quel est l'âge de Pippin lorsqu'il atteint Minas Tirith ?

18. À qui Aragorn demande-t-il de lui amener sa couronne : Éowyn, Frodon ou Sylvebarbe ?

19. Après leur première journée de voyage, les troupes qui ont quitté Minas Tirith font étape à quelques kilomètres d'une ville en ruine ; comment s'appelle cette ville ?

20. Théoden dispense un Hobbit de son service et refuse qu'il l'accompagne au combat. Quel est le nom de ce Hobbit ?

21. Rosie Chaumine est-elle de la Comté, de Gondor ou du Mordor ?

22. Lorsque Aragorn regarde dans la pierre d'Orthanc, il voit qu'une ville est menacée : laquelle ?

23. Quel genre d'oiseau emporte Gandalf au-dessus du Mordor jusqu'à la Montagne du Destin ?

24. De quelle couleur sont les robes des Gardes de la Porte de la Citadelle de Minas Tirith ?

25. Les Trous-prisons sont des coffres, des portes secrètes ou des prisons ?

26. Pour abattre les Portes de Gondor, le bélier dut-il frapper quatre, quatorze ou vingt-quatre fois ?

27. Quel Hobbit reçoit un cor d'argent gravé d'un cavalier ?

28. Golasgil est le seigneur des peuples de Pinnath Gelin, des Anfalas ou de Morthond ?

29. Lorsque Sam et Frodon quittent le sentier après s'être échappés de la Tour, dans quoi tombent-ils ?

30. De quelle couleur est le poney que Merry chevauche en suivant Théoden ?

31. De quelle couleur est le tissu qui recouvre le cadavre de Théoden ?

32. En quelle saison la Maison de Fondcombe arrive-t-elle à Minas Tirith ?

33. Qui soutient le regard du messager de Sauron, qui sort de la Porte Noire ?

34. Combien d'Hommes en tout entrent dans Minas Tirith sous les yeux de Pippin et Bergil : moins de 1 000, moins

de 2 000, moins de 3 000 ou moins de 5 000 ?

35. Par où Sam et Frodon entrent-ils dans la Montagne du Destin ?

36. Qui tue le capitaine des Haradrim aux Champs du Pelennor ?

37. D'après ce que Théoden dit à Aragorn, combien de jours leur faudrait-il pour rejoindre Dunharrow ?

38. Qui est à la tête du groupe de Rohan retenant Dernhelm et Merry : Breghelm, Vonhelm ou Elfhelm ?

39. Qui est invité au mariage d'Aragorn, mais ne peut s'y rendre car il est trop occupé à Fondcombe ?

40. À qui Merry demande-t-il joyeusement de lui ramener de l'herbe à pipe peu après son réveil dans les Maisons de Guérison ?

41. Beregond est-il un capitaine, un seigneur ou un garde de Minas Tirith ?

42. Dans quelle demeure de Hobbitebourg les Hobbits retrouvent-ils Sharcoux ?

43. Qui est le dernier à tenir l'Anneau avant qu'il ne tombe dans les Crevasses du Destin ?

44. Une fois arrivé à Minas Tirith, Aragorn déclare avoir accompli le Serment des Morts : vrai ou faux ?

45. Lequel des Hommes de Bree ne combat pas du côté de l'Ennemi : Harry Chèvrefeuille, Tom Cueillépine ou Bill Fougeron ?

46. De quelle couleur est l'étendard géant que Halbarad déroule pour le montrer aux Morts ?

47. Qui les Compagnons croisent-ils, déguisé en mendiant, durant leur voyage jusqu'à Fondcombe ?

48. Tom Chaumine admet qu'il y a un certain nombre de bandits dans la Comté : moins de 300, environ 500 ou plus de 700 ?

49. Quelles sont les deux Tours qui s'effondrent après que l'Anneau est tombé dans les Crevasses du Destin ?

50. Qui s'interpose entre le seigneur des Nazgûl et Théoden pour protéger ce dernier ?

QUIZ 3

1. Halbarad Dúnadan est-il un Esprit servant de l'Anneau, un Rôdeur, un seigneur de Gondor ou un Cavalier de Rohan ?

2. Qui est la première personne à qui s'adresse Sam lorsqu'il se réveille après ses aventures aux Crevasses du Destin ?

3. Combien d'Hommes de Lossarnach Bergil espérait-il voir arriver à Minas Tirith : 500, 2 000, 5 000 ou 10 000 ?

4. Quel nom donne-t-on à la bataille de la Comté, remportée par les Hobbits ?

5. Quel ami de Pippin est assommé par un Troll ?

6. Quelle est la couleur du bâton à pommeau doré que tient Denethor ?

7. Sam trouve les cadavres de quelles créatures non loin des Deux Guetteurs ?

8. Dans la Comté, jamais un Hobbit n'a délibérément tué un autre Hobbit : vrai ou faux ?

9. À qui appartient la masse d'armes qui fracasse le bouclier de Dame Éowyn ?

10. Combien de centaines de soldats le prince Imrahil amène-t-il à Minas Tirith ?

11. Quel est le nom, commençant par A, du seigneur de Lamedon ?

12. Qui a volé et porté la cotte de mailles orque que Frodon a jetée ?

13. Combien de milliers de soldats Théoden pense-t-il pouvoir emmener à Minas Tirith ?

14. Parmi ces noms, lequel n'est pas un seigneur de la Marche : Eorl le Jeune, Bergil, Aldor ou Thengel ?

15. Qui est le premier à comprendre que Dame Éowyn n'est pas morte après sa bataille contre le seigneur des Nazgûl ?

16. Gandalf se porte garant pour Pippin devant quel dirigeant de Minas Tirith ?

17. Gandalf dit qu'après avoir quitté les Hobbits il compte avoir une longue conversation avec Tom : de quel Tom s'agit-il ?

18. Quelles troupes sont les premières à attaquer les engins de siège de l'Ennemi : celles d'Elfhelm, d'Éomer ou de Grimbold ?

19. Comment s'appelle la route que Sam remarque sur la Montagne du Destin?

20. Qui est arrêté par les Shirriffes de la Comté pour de nombreux délits, y compris tenter de corrompre les gardes en leur offrant de la nourriture?

21. Quel membre de la Communauté Legolas et Gimli accompagnent-ils après avoir quitté Théoden et Merry?

22. Qui se désespère face aux maigres troupes quittant Minas Tirith pour affronter l'Ennemi: Imrahil, Aragorn ou Gimli?

23. Combien de lieues séparent Minas Tirith de l'Isengard: 50, 100, 150 ou 250?

24. Parmi ces personnages, lequel ne succombe pas aux Champs du Pelennor: Forlong, Imrahil ou Halbarad?

25. Qui interroge Théoden et Éomer sur les Chemins des Morts?

26. Quelles créatures Sam et Frodon voient-ils, emprisonnées dans le vieux château de Durthang?

27. À Minas Tirith, qui Pippin croit-il devenu fou?

28. Vers quelle maisonnée Sam se rend-il afin de convaincre les Hobbits de prendre les armes pour défendre la Comté?

29. Quel membre de la Compagnie de l'Anneau pense qu'il n'y a pas assez de jardins à Minas Tirith?

30. Les Biscornus sont les gardes de Sauron, des géants de Fangorn ou des statues de pierre?

31. Les rameurs dans les bateaux d'Umbar sont des esclaves: vrai ou faux?

32. Combien de cavaliers accompagnent Halbarad Dúnadan lorsqu'il retrouve la Compagnie de l'Anneau: 10, 20, 30, 40 ou 50?

33. Qui frappe le seigneur des Nazgûl à l'arrière du genou?

34. Saroumane ne se libère jamais de la Tour d'Orthanc: vrai ou faux?

35. Qui mord Frodon près des Crevasses du Destin?

36. Quel objet rouge le messager de Denethor apporte-t-il à Théoden?

37. La Bouche de Sauron énumère de nombreuses exigences en l'échange de qui ou de quoi?

38. Quel membre de la Compagnie Legolas appelle-t-il Maître Flemmard?

39. Comment Lothon veut-il être appelé par ceux de la Comté?

40. Ioreth est-elle la plus jeune, l'aînée ou la plus belle des servantes des Maisons de Guérison?

41. Sur combien de niveaux Minas Tirith est-elle bâtie?

42. Les Orques ont des crocs: vrai ou faux?

43. D'après Beregond, qui peut prédire l'avenir?

44. Qui tire en premier sur les bandits: les Touque, les Brandebouc ou les Chaumine?

45. Comment appelle-t-on la maladie transmise par les Nazgûls?

46. La querelle entre plusieurs compagnies d'Orques qui, chacune, tente de terminer sa marche permet à Frodon et Sam de s'échapper: vrai ou faux?

47. Selon les rumeurs, une vaste flotte approche pour attaquer les alliés de

Gondor. Vient-elle d'Umbar, du Mordor, de l'Eriador ou de Rohan?

48. Quel messager de Gondor les Rohan croient-ils avoir découvert mort, la tête tranchée?

49. Combien de Hobbits succombent à la bataille de Lézeau: aucun, 19, 39 ou 59?

50. Qui quitte la rue du Silence pour chercher Gandalf afin de sauver Faramir?

QUIZ 4

1. Quel membre de la Communauté Théoden choisit-il pour l'accompagner à Dunharrow?

2. Gléowine est un ménéstrel, un soldat ou un guérisseur?

3. De quelle couleur est la pierre d'Erech?

4. Quelle auberge en bordure de la Comté a été détruite?

5. Comment s'appelle la tombe où gisent Denethor et Faramir?

6. Quel autre nom donne-t-on à la montagne de Dwimorberg?

7. À combien de lieues se trouve Pelargir en partant du Harlond, le port le plus proche de Minas Tirith : 22, 32, 42 ou 52 ?

8. La Montagne du Destin se trouve au milieu de quelle plaine dont le nom commence par G ?

9. Qui donne à Merry un pourpoint de cuir, un coutelas et un bouclier pour qu'il puisse se défendre ?

10. Qui porte Faramir blessé à la Tour Blanche ?

11. M. Poiredebeurré avertit Gandalf et les Hobbits d'activités suspectes dans quelle région de la Terre du Milieu, à part Bree ?

12. Lequel des patients est le premier à recevoir l'autorisation de quitter les Maisons de Guérison ?

13. Pendant combien d'heures Dethenor interroge-t-il Pippin ?

14. À part du bois, quel autre matériau Denethor compte-t-il utiliser pour bâtir un bûcher funéraire ?

15. Combien de centaines d'Hommes de Lossarnach Bergil et Pippin voient-ils entrer dans Minas Tirith?

16. Avec qui Pippin partage-t-il sa chambre durant sa première nuit à Minas Tirith?

17. Qui décapite la monture du seigneur des Nazgûl d'un seul coup d'épée?

18. Qui détient, et montre à Aragorn, la clé de la Tour d'Orthanc: Gandalf, Vifsorbier ou Sylvebarbe?

19. Qui bondit sur Frodon lorsqu'il est près d'arriver aux Crevasses du Destin?

20. À qui appartient le cheval tué par le seigneur des Nazgûl?

21. Quel nom prend Aragorn lorsqu'il devient roi?

22. Qui Beregond et Gandalf emportent-ils hors des tombes de Minas Tirith?

23. Combien de membres de la Communauté quittent l'Isengard, Aragorn à leur tête?

24. Où s'enfuient les troupes d'Umbar et Harad en voyant arriver les Morts et le groupe d'Aragorn: Linhir, Erech ou Fornost?

25. Qui le roi Elessar nomme-t-il capitaine de la Garde Blanche?

26. Qui Aragorn soigne-t-il en premier: Merry, Faramir ou Dame Éowyn?

27. Où les bandits emmènent-ils Lobelia Sacquet de Besace?

28. Quel est le nom terrifiant des sentiers qu'Aragorn choisit d'emprunter?

29. Pendant l'absence des Hobbits, toutes les auberges de la Comté fermèrent leur porte: vrai ou faux?

30. Parmi les vêtements suivants, lequel n'est pas utilisé par Frodon pour son déguisement: une cape verte, une casquette noire, une tunique de cuir ou des braies poilues?

31. Qui s'éveille après qu'Aragorn lui a baigné le front et les bras?

32. Qui est le dernier membre de la Communauté à passer la Porte Noire: Gimli, Aragorn, Legolas ou Halbarad?

33. Hob Garde-clôture est aux ordres de quel parent de Bilbo?

34. Quelles armes équipent les 500 Hommes que Duinhir amène à Minas Tirith?

35. Après qu'Aragorn l'a guéri, quelle est la première chose que demande Merry à son réveil?

36. Qui pose la couronne sur le front d'Aragorn à Minas Tirith?

37. Comment s'appelle la grande porte hérissée de piques qui barre le chemin des Hobbits le long du Brandevin?

38. Parmi ces personnages, qui survit à la bataille des Champs du Pelennor: Grimbold, Beregond ou Hirluin le Beau?

39. Quel est le nom, commençant par I, de celui qui est censé avoir posé la pierre d'Erech là où elle se trouve?

40. Quel Âge se termine avec la défaite de Sauron: le Second, le Troisième ou le Quatrième?

41. Qui affronte et tue plusieurs gardes de Denethor pour les empêcher de tuer Faramir?

42. Lequel de ces endroits est le plus éloigné de Minas Tirith: Lebennin, Tumladen ou Lossarnach?

43. Quel Hobbit commence par retirer tous ses vêtements orques?

44. Qui dit à Sam que Bill le poney est bien arrivé à Bree?

45. Quel membre de la Compagnie Grise ne redoute pas les fantômes humains?

46. Les bateaux que l'on prend pour ceux des corsaires d'Umbar arrivent à Minas Tirith par quelle rivière?

47. Lequel des quatre Hobbits ne force pas les Hommes à fuir sur la route de Hobbitebourg?

48. Meneldor, Landroval et Gwaihir sauvent deux personnages : lesquels?

49. Combien de fantassins partirent de Minas Tirith peu après la bataille des Champs du Pelennor?

50. Que boit Pippin avec son premier petit déjeuner à Minas Tirith, en compagnie de Beregond?

QUIZ 5

1. Quel est le premier à faire ses adieux aux Hobbits : Gimli, Aragorn ou Gandalf?

2. Durant quel mois se déroule la bataille des Champs du Pelennor?

3. Qui est le père de Denethor : Théoden, Ecthelion ou Vorondil?

4. Sur combien de collines proches de la Porte Noire les troupes de Minas Tirith s'installent-elles pour affronter les forces du Mordor?

5. Avant leur séparation, Bilbo offre un cadeau à Merry et Pippin : de quoi s'agit-il?

6. L'Orque qui blesse Gollum d'une flèche dans le dos la tire à 20, 40, 50 ou 60 pas de sa cible?

7. Comment s'appelle le fils de Beregond qui se lie d'amitié avec Pippin?

8. Qui révèle à Gandalf et Pippin qu'il ou elle dispose d'une palantír?

9. À qui Bilbo demande-t-il de ramener en Comté ses papiers, ses notes et son journal?

10. Qui, une fois face aux Crevasses du Destin, déclare qu'il ne fera pas ce qu'on attend de lui?

11. Guthlaf est le porte-drapeau de quel chef de Rohan?

12. Qui Halbarad Dúnadan prétend-il rechercher avec ses hommes ?

13. Comment s'appellent les maisons où Pippin et Beregond amènent Faramir ?

14. Le propriétaire de quelle auberge s'étonne de découvrir que le nouveau roi n'est autre que Grands-Pas le Rôdeur ?

15. Les mines et les forges du Mordor se trouvent-elles au nord ou au sud ?

16. Quel chef, père de Boromir, Gandalf et Pippin rencontrent-ils à Minas Tirith ?

17. Lorsqu'ils escaladent la Montagne du Destin, Sam porte Frodon sur son dos la moitié du chemin, le quart du chemin ou jusqu'au sommet ?

18. Après leur retour en Comté, Frodon et les autres passent-ils leur seconde nuit à Lagrenouillère, Hobbitebourg ou Grand'Cave ?

19. Qui Dervorin mène-t-il à Minas Tirith : les Hommes du val de Ringló, de l'Ethir ou de Lamedon ?

20. Parmi ces personnages, qui ne bénéficia pas des soins des Maisons de Guérison :

Merry, Imrahil, Faramir ou Dame Éowyn?

21. Gandalf et les Hobbits assistent à la fête donnée pour le 129ᵉ anniversaire de quel personnage?

22. Quel chef de Gondor dit à Dame Éowyn qu'elle est très belle?

23. Qui fit apprêter un poney des collines spécialement pour que Merry puisse le monter?

24. Le père de quel personnage fut dépossédé de sa maison du chemin des Trous du Talus?

25. Pour alléger leurs paquetages, Sam et Frodon se débarrassent de l'épée Dard: vrai ou faux?

26. Qui va renforcer les défenses du Pelennor, dirigées par Faramir?

27. Le 25 mars est la date de la chute de Sauron, de la mort de Théoden ou de l'arrivée d'Aragorn à Minas Tirith?

28. Faramir est ramené du combat sur le cheval de Gandalf: vrai ou faux?

29. Sur les rives de quelle rivière se trouve la cité en ruine d'Osgiliath?

30. Quel membre de la Communauté sauve Pippin, écrasé sous un Troll?

31. La feuille de roi est-elle la couronne d'un roi, le nom du serviteur de Théoden, une herbe médicinale ou une potion soporifique?

32. Qui Frodon empêche-t-il de tuer Saroumane à Hobbitebourg?

33. Que fait le roi Esselar aux Esterlins qui se rendent: il leur pardonne, les emprisonne ou les exécute?

34. La Porte dénommée Fen Hollen s'ouvre-t-elle dans le second, le troisième, le cinquième ou le sixième mur de Minas Tirith?

35. Pippin trouve-t-il Minas Tirith plus ou moins belle que l'Isengard?

36. Afin de se déguiser, Frodon endosse les vêtements de quelle créature?

37. Qui oublie sa querelle avec Éomer après la défaite de Sauron?

38. Dol Amroth est le nom de quel château: celui d'Aragorn, de Denethor, de Dame Celeborn ou du prince Imrahil?

39. Les Shirriffes ont reçu l'ordre d'emmener les quatre Hobbits à Lézeau : vrai ou faux ?

40. Qui chante l'histoire de Frodon aux Neuf Doigts et de l'Anneau du Destin ?

41. Quelle est la véritable identité de Dernhelm, révélée au seigneur des Nazgûl ?

42. Quel Hobbit jure de servir le chef de Minas Tirith ?

43. Sam et Frodon entendent des Orques dire que quelqu'un a brouillé les odeurs, les empêchant de suivre la piste : de qui s'agit-il ?

44. Quel genre de trophée Éowyn donne-t-elle à l'un des Hobbits ?

45. Qui se porte volontaire pour mener les troupes défendant la rivière Anduin ?

46. Au Pelennor, les Esterlins et les Suderons étaient-ils du côté de Rohan ou de l'Ennemi ?

47. Quel chapitre du livre de Frodon est inachevé afin que Sam puisse le terminer : le chapitre 30, 40, 60 ou 80 ?

48. Sammath Naur est aussi connu sous le nom de Chambres de la Lumière,

Chambres de Feu ou Chambres des Morts Vivants?

49. Qui tue un grand chef troll, qui s'effondre alors sur lui?

50. À Minas Tirith, qui Gandalf désarme-t-il en levant la main?

QUIZ 6

1. Quel est le nom, commençant par F, du seigneur de Lossarnach?

2. Qui se dresse, seul, pour affronter le seigneur des Nazgûl alors qu'il entre dans Minas Tirith?

3. Qui ordonne à Pippin d'aller chercher de nouveaux vêtements à la Citadelle de Minas Tirith?

4. Quelle route relie Barad-Dûr aux Chambres de Feu?

5. À quel Hobbit Bilbo donne-t-il un petit sac d'or?

6. Quel Hobbit est le premier à voir la Montagne de Feu?

7. Comment s'appelle l'épouse d'Aragorn?

8. Quel Hobbit Gandalf prend-il derrière lui sur son cheval au tout début du livre ?

9. Quel vêtement de Frodon provoque une dispute entre Gorbag et Shagrat ?

10. Windfola est le cheval de Rohan appartenant à Isildur, Dernhelm ou Éomer ?

11. Les Hobbits ont déjà rencontré Sharcoux, mais sous quel nom le connaissent-ils ?

12. Qui porte un manteau gris de la Lórien pour entrer dans Minas Tirith avec Gandalf ?

13. De quelle couleur est la lumière qui émane des Crevasses du Destin ?

14. Qui donne à Frodon un bijou afin de le protéger de ses souvenirs terrifiants ?

15. Quel groupe d'habitants des forêts tirent des flèches empoisonnées et offrent leurs services à Théoden ?

16. Combien de portes compte Minas Tirith ?

17. Avec quelle arme Saroumane tente-t-il de tuer Frodon en Comté ?

18. Qui est le premier Orque que Sam entend parler après avoir gravi le premier tiers de la tour?

19. Les Hommes portant des armoiries blanches où figurent un arbre, une couronne d'argent et des étoiles viennent de l'Eriador, de Gondor, de Rohan ou de la Comté?

20. La flotte d'Umbar compte-t-elle 30, 50, 80 ou 100 vaisseaux?

21. Quel père donne sa fille en mariage à Aragorn?

22. Carach Angren se trouve en Isenmouthe, en Anduinmouthe ou en Breemouthe?

23. Le seigneur des Nazgûl est le premier ennemi à entrer dans Minas Tirith: vrai ou faux?

24. Elladan et Elrohir accompagnaient Halbarad Dúnadan lorsqu'ils rencontrèrent la Compagnie: vrai ou faux?

25. Qui devient prince d'Ithilien après la défaite de Sauron?

26. Parmi ces endroits, lequel n'a pas de fanal: Amon Dîn, Mindolluin, Eilenach ou Halifirien?

27. Qui finit par devenir le «Grand» de Lothon Sacquet de Besace?

28. Qui parle de Frodon comme d'un demi-sang abruti: Denethor, Faramir ou Beregond?

29. Qui devient roi de Gondor et seigneur des Terres de l'Ouest?

30. Éomer annonce le futur mariage de Faramir: avec qui?

31. Gorbag blesse Shagrat d'un coup de poing, d'un coup de couteau ou en lui brisant la jambe?

32. L'Ennemi utilise des catapultes pour envoyer des bombes incendiaires sur Minas Tirith: vrai ou faux?

33. Les chevaux sont interdits dans la Citadelle de Minas Tirith: vrai ou faux?

34. Quel Hobbit est autorisé à partir avec les troupes quittant Minas Tirith?

35. Quel est le dernier mot prononcé par Gollum alors qu'il tombe dans les Crevasses du Destin?

36. Comment s'appelle l'émissaire qui apporte à Denethor un message de Théoden?

37. Snaga atteignit la cellule de Frodon à l'aide d'une échelle, d'une corde ou d'un pont ?

38. Théoden est tué par une flèche orque aux Champs du Pelennor : vrai ou faux ?

39. Quel Cavalier Blanc disperse les cinq Cavaliers Noirs devant Minas Tirith ?

40. Lorsque Denethor entend sonner le cor de Boromir, à combien de jours est-il de ses retrouvailles avec Gandalf et Pippin ?

41. Snaga fait une chute mortelle, est tué par Shagrat ou par Sam ?

42. Sharcoux est censé être en charge de Fondcombe, de la Comté, de Bree ou du Mordor ?

43. À Minas Tirith, quel est le nom du repas que l'on prend à midi ou peu après ?

44. Landroval est un Orque, un seigneur de Gondor, un Elfe ou un Aigle ?

45. Broyeur est le nom d'un chef orque, d'un bélier ou de l'épée de Sauron ?

46. À qui Bilbo donne-t-il trois livres écrits de sa main ?

47. Combien de jours Aragorn conseille-t-il à Dame Éowyn de rester aux Maisons de Guérison?

48. Combien de ruisseaux traversent la Terre de Lebeninn, au sud de Minas Tirith?

49. Avec quelle arme Snaga frappe-t-il Frodon pour le punir d'avoir appelé à l'aide?

50. Quel nom donne-t-on à la grande bataille menée par les Rohan devant Minas Tirith?

QUIZ 7

1. On trouve les Biscornus en Rohan, au Mordor, en Comté ou en Eriador?

2. Qui s'empare des possessions des Hobbits que le messager de Sauron a désignées?

3. Quels sont les deux Hobbits faits chevaliers de la Cité et de la Marche?

4. Quel est le nom, commençant par W, des Hommes Sauvages des Bois?

5. Pendant que le vieux Will Piedblanc se remet de son emprisonnement, Frodon est-il nommé maire, adjoint au maire ou chef des Shirriffes?

6. Qui entend combattre ce qu'il croit être les Orques Shagrat et Gorbag?

7. Mindolluin est une montagne de Gondor, du Mordor, de Rohan ou de l'Eriador?

8. Qui sont les premiers à attaquer Gandalf et les autres: des Trolls des collines, des Orques ou des Esprits servants de l'Anneau?

9. Qui chante pour Arod, son cheval, afin de lui faire passer la Porte Noire?

10. Combien de têtes a chacun des Deux Guetteurs?

11. Par quel nom, commençant par G, les Woses appellent-ils les Orques?

12. Rammas Echor est un lac, une colline, un mur ou une forêt?

13. À qui Faramir déclare-t-il son amour?

14. Snowbourn est une montagne, une rivière, une citadelle ou une chaîne de montagnes?

15. Lobelia Sacquet de Besace lègue tout son argent à quel Hobbit afin qu'il reconstruise sa maison?

16. Pippin est resté à Minas Tirith moins d'une semaine, une semaine et demie ou trois semaines avant le siège de la cité?

17. Lorsque Sam lui rend l'Anneau, Frodon est-il grossier et agressif, fatigué et perclus de douleur ou heureux et d'humeur à plaisanter?

18. À Minas Tirith, qu'emploie-t-on pour guérir les blessés : des herbes, des passes magiques ou des chants?

19. Dans quelle maison s'installent Sam et son épouse?

20. À combien de lieues de Minas Tirith se trouve l'endroit où Faramir et Frodon se séparent?

21. D'après Éomer, combien d'heures faut-il à Ghân-Buri-Ghân pour mener le premier Rohan à Minas Tirith?

22. Combien de jours avant l'anniversaire de Bilbo les Hobbits et Gandalf arrivent-ils à Fondcombe?

23. Quelle flotte ennemie mouille à Pelagir?

24. En Comté, les fermes du père de quel Hobbit sont proches de Bourg de Touque?

25. Où Gollum mord-il Frodon?

26. Ghân-Buri-Ghân est le chef des Woses, des Orques ou des Hommes de Gondor?

27. Qui s'adresse aux Morts en les traitant de parjures?

28. Pourquoi, une fois au Mordor, Sam veut-il d'abord boire dans le ruisseau?

29. Gandalf prend la tête de l'armée quittant Minas Tirith: vrai ou faux?

30. Comment s'appelle le premier des gardes de Minas Tirith qui s'adresse à Gandalf?

31. Lorsque les Hobbits rentrent chez eux, en Comté, Gandalf les accompagne: vrai ou faux?

32. Quel Hobbit les Deux Guetteurs empêchent-ils d'entrer dans la Tour?

33. Denethor met le feu à son propre bûcher afin de périr dans les flammes: vrai ou faux?

34. Quels sont les deux mots, commençant par R et E, formant le nom du mur extérieur protégeant Minas Tirith?

35. Aragorn s'installa devant Minas Tirith sous une tente, dans une hutte, une caverne ou une tranchée?

36. Quelle créature transmet la nouvelle de la victoire à Gondor: un cheval, un Aigle ou un Elfe?

37. De qui Roheryn est-il le cheval?

38. Quel objet Aragorn et Gandalf rapportent-ils à Minas Tirith?

39. Angbor est attendu à Minas Tirith avec combien d'hommes?

40. Forlong est connu sous quel autre surnom?

41. Quel membre non-nobbit de la Communauté de l'Anneau part pour Aman?

42. Après les bombes incendiaires, avec quoi l'Ennemi bombarde-t-il Minas Tirith?

43. Qui n'est pas membre de la famille Chaumine: Rosie, Nibs, Dabs ou Jolly?

44. Selon Gandalf, quels fanaux, une fois allumés, sont un appel à l'aide?

45. Quelle partie du corps de Snaga Sam tranche-t-il d'un seul coup?

46. La Compagnie Grise, menée par Aragorn, rend visite à quelle Dame à Dunharrow?

47. Quelle forme a la tête du bélier employé à Minas Tirith?

48. Quel Hobbit est envoyé à Faramir pour lui parler de Dame Éowyn?

49. Combien de feuilles de roi Bergil apporte-t-il à Aragorn?

50. Qui supplie Aragorn de lui permettre de l'accompagner sur les Chemins des Morts?

Réponses pour
La Communauté de L'Anneau

QUIZ 1

1. Blancs
2. Sacquet
3. Trois étages
4. À l'est
5. Baie d'Or
6. Deux
7. Sam
8. Des champignons
9. Vert et jaune
10. Elrond

11. Vrai
12. Trois
13. Glóin
14. Ils disparaissent
15. Frodon
16. Des Hobbits
17. Fierpied
18. Une forêt

19. Un magicien
20. Un Aigle géant

21. Il passe l'Anneau à son doigt
22. Un ruisseau
23. Athelas
24. Merry Brandebouc
25. M. Poiredebeurré
26. Le bateau
27. Sept
28. Sauron
29. Deux fois
30. Des races de Hobbits

31. Le père Maggotte
32. Plus de 250 ans
33. Frodon
34. Celeborn
35. Des Esprits servants de l'Anneau
36. Un stylo
37. Grands-Pas
38. Ham Gamegie
39. Pippin
40. Sam

41. Merry
42. Le Tournesaules
43. Gandalf

44. Une bibliothèque vide
45. Des rames
46. Les Pâles
47. Des Orques
48. Sam
49. Qu'il écrit un livre
50. Une épée

QUIZ 2

1. Aragorn
2. Une souche
3. Inglorion
4. Queue-Vive et Paturon-Blanc
5. Grand'Cave
6. Legolas
7. Une échelle de corde
8. Verte
9. Ori
10. Une montagne

11. Des points cardinaux
12. Des corbeaux
13. Celui de Balin
14. Sam et Pippin
15. Trois

16. Le Seigneur Ténébreux
17. Une heure
18. Une épée
19. Waymoot
20. 100 ans

21. Gandalf
22. Boromir
23. Le Conseil Blanc
24. Un lac
25. Quatre
26. Frodon
27. Un seul
28. Les Rôdeurs
29. Sacquet de Besace
30. Elle se brise et lui échappe des mains

31. L'Argonath, ou les Piliers des Rois
32. Bilbo et Frodon
33. Lobelia Sacquet de Besace
34. La fiole de cristal
35. L'Anneau Souverain
36. Hobbitebourg
37. 60
38. Saroumane
39. Une tour de garde
40. Six

41. Le Perchoir Doré
42. Gil-Galad
43. À pied
44. La Salle du Feu
45. Trois
46. Gandalf le Gris
47. Creux-de-Crique
48. Des champignons
49. Au Pays de Bree
50. Merry et Pippin

QUIZ 3

1. Blanc
2. Frodon
3. Vrai
4. L'Ancien
5. Une barbe
6. Son bâton
7. Bilbo
8. Le gué de Fondcombe
9. Harry
10. Château-Brande

11. Gollum
12. Froideval

13. À Sam Gamegie
14. Deux
15. Aragorn
16. D'or
17. Vrai
18. Ne pas voyager de nuit
19. Le père Maggotte
20. Fondcombe

21. Des Elfes
22. Vrai
23. Un long poignard
24. Gimli
25. Glóin
26. Le Petit Peuple
27. Gollum
28. Le mithril
29. La Montagne de Feu
30. Une ancienne tour

31. Brandebouc
32. Tous les sept ans
33. Merry
34. Une tour
35. Dans une montagne
36. Des Hobbits
37. À l'épaule

38. Vrai
39. Les Pieds Velus
40. Faux

41. Blancs
42. Par les Hauts des Galgals
43. Bilbo Sacquet
44. Bilbo
45. Othon
46. 12 pièces d'argent
47. Un grand chasseur
48. Bilbo
49. Huit
50. À Châteaubouc

QUIZ 4

1. Frodon Sacquet
2. Une lance
3. Cinq
4. Frodon
5. Tom Bombadil
6. La Lothlórien (la Forêt d'Or)
7. Un ami
8. Dans la Vieille Forêt

9. Les marais de l'Eau-aux-Cousins
10. Sam

11. Octobre
12. Gandalf
13. Un Orque
14. Les Cavaliers Noirs
15. Un oiseau
16. Gimli
17. Le brûler
18. Gripoil
19. Aux Nains
20. À Frodon

21. Orodruin
22. Bilbo Sacquet
23. Celles de la Moria
24. Celeborn
25. Du bois pour le feu
26. Le nord
27. L'Anneau
28. Un dragon
29. La rivière Fontgrise
30. Tous

31. Les Cavaliers Noirs
32. Par noyade

33. Chez Tom Bombadil
34. Saroumane le Blanc
35. 33 ans
36. Jaunes
37. Un métal précieux
38. Grands-Pas
39. Le Gros
40. Citadelle des Étoiles

41. Le Grand Fleuve
42. Sam Gamegie
43. Une hache
44. Des bateaux
45. Six
46. Des Orques
47. De l'herbe à pipe
48. Gros Bolger
49. La Porte de Rubicorne
50. Celle de Balin

QUIZ 5

1. M. Poiredebeurré
2. Il le jette dans le feu
3. Gandalf

4. Tom Bombadil
5. Dora Sacquet
6. Des buissons de l'espèce des houx
7. Elladan et Elrohir
8. Gandalf
9. Tom Bombadil
10. Sam Gamegie

11. Le discours de Bilbo
12. Trois
13. Celle du Mordor
14. Un Esprit manipulé par le Seigneur Ténébreux
15. Le Seigneur Ténébreux
16. Vrai
17. Leur dîner (ou souper)
18. Des Elfes
19. Le Souffle Noir
20. En septembre

21. Grands-Pas
22. Des nymphéas
23. Quatre
24. Des Rôdeurs
25. Les Nains
26. La Tour Noire
27. Thingol

28. Legolas
29. Frodon
30. Un dragon

31. De mithril
32. Du Seigneur Ténébreux
33. Une cotte de mailles
34. Aux charades
35. Une Elfe
36. 99 ans
37. Dame Galadriel
38. Des Orques
39. Un Cavalier Noir
40. Ils offrent des cadeaux

41. Vrai
42. Un vin rouge
43. Le feu
44. Bophin
45. Un bâton
46. Un coutelas
47. Une broche
48. Sept
49. Des Elfes
50. Faux

QUIZ 6

1. Non
2. Gandalf
3. Un seul
4. Le Conseil d'Elrond
5. Un Nain
6. Une broche
7. Il est maire de Grand'Cave
8. Onze
9. Sa mère
10. Plus grand

11. Saroumane
12. Avec Legolas
13. Des chevaux
14. Le Miroir de Galadriel
15. Le Siège de la Vue
16. Les Portes de Durin
17. Grands-Pas
18. Trois
19. Une auberge
20. 111 ans

21. Trois
22. Pippin
23. Elle luit

24. Elrond
25. Bilbo
26. Grands-Pas (Aragorn)
27. Trois
28. Gollum
29. Un musée
30. Sacquet de Besace

31. Croc
32. Plus grand
33. Gandalf
34. Drogon
35. Glorfindel
36. Trois
37. Merry
38. Dans les Crevasses du Destin
39. Des chaussettes
40. Grands-Pas

41. Une seule
42. Aragorn
43. Aragorn
44. Bree
45. Gros-Balourd
46. Sam Gamegie
47. Ami
48. Gros Bolger

49. Pippin
50. Drogon

QUIZ 7

1. Des Nains
2. Un tentacule
3. Un Nain
4. Il chantait
5. Tom Bombadil
6. Merry
7. Neuf années
8. Gandalf
9. D'argent
10. 40 ans

11. Sam
12. Aucune
13. Faux
14. Une courte épée
15. De partir avec les Hobbits
16. Dáin
17. 200
18. Bilbo

19. Les Gamegie
20. Un lac pâle

21. Boromir
22. Le Brandevin
23. Au flanc droit
24. Faux
25. Un mètre
26. Une cape munie d'une capuche
27. Une mine
28. Dúnadan
29. Gandalf
30. Un Balrog

31. Celle du Poney Fringant
32. Elrond
33. Gollum
34. Au Mont Venteux
35. Boromir
36. Merry
37. En décembre
38. Elrond
39. 1418
40. Des chaînes d'or

41. Le Vieil Homme-Saule
42. Glorfindel

43. Frodon
44. Le Grand Fleuve
45. Un parapluie
46. Un mathom
47. La Grande Ourse
48. Pippin
49. Une hache
50. Legolas

QUIZ 8

1. À l'auberge du Poney Fringant
2. Un ami
3. Minas Anor
4. Le Mont Venteux
5. Un arbre
6. Moins grands
7. Les Piliers des Rois
8. Une rivière enchantée
9. Il disparaît
10. Caras Galadhon

11. Par Baie d'Or
12. Des trous dans la terre
13. Des arbres
14. Les Pieds Velus

15. Aragorn (Grands-Pas)
16. Bree
17. Le père Maggotte
18. Sept
19. 100 ans
20. Des haches

21. Vrai
22. Merry
23. À Aragorn (Grands-Pas)
24. Sam
25. Sauron, le Seigneur Ténébreux
26. Faux
27. Gandalf
28. 144
29. Gros Bolger
30. Le brouillard

31. Elendil
32. Adversaires
33. M. Larmoise
34. Une épée
35. Boromir
36. Huit
37. Elrond
38. M. Soucolline

39. Des Shirriffes
40. Des Orques

41. Dans une haie
42. Gandalf
43. Déagol
44. Boromir
45. Blancs
46. Gandalf
47. La Vieille Forêt
48. Vrai
49. Eregion
50. Le Poney Fringant

QUIZ 9

1. Une colline
2. Bill Fougeron
3. Les Monts Brumeux
4. Les Pieds Velus
5. Des loups blancs
6. Trois
7. Dans la Lothlórien
8. L'Anneau
9. À 10 heures
10. Gandalf

11. Merry
12. Lobelia Sacquet de Besace
13. Verts
14. Hobbitebourg
15. Trois
16. De la corde
17. Vrai
18. Bilbo Sacquet
19. L'Anneau
20. Un Elfe

21. Une seule
22. Elwing
23. Rohan
24. Faux
25. 20-33
26. Embrasés
27. Boromir
28. Un poisson
29. Une rivière
30. Gimli

31. Trois
32. Frodon
33. Pippin
34. Baie d'Or
35. Il revint en Comté

36. Le Rauros
37. Autour de son cou
38. Des Gamegie
39. La Comté
40. Bill Fougeron

41. Des Elfes
42. (Marchon et Blancon) Pales
43. Rubicorne
44. Il est son oncle
45. Au Poney Fringant
46. Une montagne
47. Vrai
48. Sam Gamegie
49. Le Brandevin
50. Les terres boisées

Réponses pour
Les Deux Tours

QUIZ 1

1. Langue de Serpent
2. Son bâton de bois
3. Éowyn
4. Legolas et Gimli
5. Minas Tirith
6. La Chambre des Ents
7. Des soldats gobelins
8. Vifsorbier
9. Son troisième
10. Ses chevilles

11. Gúthwinë
12. Les Terres Brunes
13. À l'aube
14. Trente
15. Un Elfe
16. Lembas
17. Un arbre
18. Sam

19. Gandalf
20. L'Escalier en Lacet

21. Pippin
22. Des Ents
23. Langue de Serpent
24. De Gollum
25. Le cor de Boromir
26. Blancs
27. Saroumane
28. L'ouest
29. Plus puissants
30. Dévore des créatures vivantes

31. Gollum
32. Boromir
33. Sam Gamegie
34. Un tissu
35. Des Orques
36. Au lever du soleil
37. Merry et Pippin
38. Des Orques
39. Ils traversent un tunnel
40. Saroumane

41. Sam
42. Ils ont brûlé

43. Fangorn
44. Vrai
45. La colonne de la Main Blanche
46. Il garde les yeux ouverts
47. Un œil
48. Des flèches
49. D'Arachne
50. Oui

QUIZ 2

1. La pierre d'Orthanc
2. Merry
3. Il se casse
4. De lourdes haches
5. Elle se détache toute seule
6. Merry
7. Un
8. Des Esprits servants de l'Anneau
9. Théoden
10. Un cheval sacré

11. De Gondor
12. Fimbrethil
13. Théoden

14. Les Nazgûl
15. Celui de Pippin
16. Il est tué
17. Vrai
18. D'Orques
19. Ceux de Gondor
20. La vallée de Saroumane

21. 24
22. Le 12e Intendant
23. Gandalf et les autres retrouvent Merry et Pippin
24. La vallée des Esprits
25. Le Gouffre de Helm
26. Sam
27. Éomer
28. Le Bois du Guet
29. Hasufel
30. Aunes

31. Des Elfes
32. Son épée
33. Une chaîne montagneuse
34. Oliphant
35. Sylvebarbe
36. La fiole de Galadriel
37. Erkenbrandt

38. Des miettes et des bouts de corde
39. Grishnákh
40. 30 aunes

41. Deux
42. Des bandes dorées
43. Les Entures
44. Minas Tirith
45. Des chevaux
46. Vifsorbier
47. Vrai
48. Noire
49. D'Éomer
50. Vrai

QUIZ 3

1. L'Ithilien
2. Gandalf
3. Gollum
4. Gimli
5. Gollum
6. Gandalf
7. Sept
8. Háma

9. Le 26e Intendant
10. De nuit

11. Gollum
12. Six
13. Gandalf Maisongrise
14. Au Mordor
15. Mithrandir
16. Aragorn
17. Frodon
18. Orthanc
19. Un couteau
20. Les Noldor

21. Gandalf
22. Legolas
23. Dans les Marais des Morts
24. Des Orques
25. Vrai
26. Gripoil
27. Saroumane
28. Le Mordor
29. Aragorn
30. Faramir

31. Faux
32. Dard
33. Théoden

34. Vrai
35. 1 000
36. Quatre
37. À Gimli
38. La fiole de Galadriel
39. Legolas
40. Trois

41. Gandalf
42. Les Elfes
43. Un bâton de bois
44. Faux
45. Les Ents
46. Les chandelles des morts
47. Un bélier
48. Sylvebarbe
49. À cheval
50. Boromir

QUIZ 4

1. Ligoté
2. Éomer
3. À Osgiliath
4. Éomund

5. Les Hommes de Gondor
6. Faux
7. Osdehétu
8. Une forêt
9. Le Fléau d'Isildur
10. Frodon

11. Un Orque de l'Isengard
12. La tête
13. Le Lembas
14. Faux
15. Quatre
16. Aragorn
17. Erebor
18. La Tour de la Lune (Minas Ithil)
19. 41
20. Des toiles d'araignées géantes

21. Deux poignards
22. Ils sont frère et sœur
23. Eldeón
24. Les Elfes
25. Il est vivant
26. Legolas et Gimli
27. Sam
28. L'est

29. Vrai
30. Grâce aux bateaux

31. Sauron
32. Du poivre
33. Neuf
34. Des Ents
35. Lugbúrz
36. Rauros
37. Minas Morgul
38. 50
39. Du pain
40. Gollum

41. Bregalad
42. Vrai
43. Gimli
44. Deux
45. Les Ents
46. 1 000
47. Sam Gamegie
48. Parth Galen
49. Du lapin
50. Gandalf

QUIZ 5

1. 105
2. Dagorlad
3. La Maison d'Eorl
4. Vrai
5. Faux
6. Le Mordor
7. Éowyn
8. Faramir
9. L'Entalluve
10. Le père des chevaux

11. Éored
12. Ils sont frères
13. Faux
14. Une broche
15. Beren
16. Gollum
17. Gimli
18. Sam
19. Il reste sous la pluie
20. Saroumane

21. Boromir
22. Des Orques
23. Des épées

24. Du côté de Saroumane
25. Palantír (plur.: palantíri)
26. Frodon
27. Saroumane
28. Au Gouffre de Helm
29. Dame Galadriel
30. Gandalf

31. Un an et un jour
32. Frodon
33. Une seule fois
34. Deux
35. Des Orques
36. Un Orque
37. La pierre d'Orthanc
38. Des feuilles de laurier, de la sauge et du thym
39. Semi-Hommes
40. Frodon

41. Celui de Frodon
42. Les Monts Brumeux
43. À Aragorn
44. En Isengard
45. Les Monts de l'Ombre
46. Pieds-Ailés
47. Sam

48. Le Mordor
49. Fladrif
50. Gandalf

QUIZ 6

1. La fiole de Galadriel
2. 70
3. Langue de Serpent
4. Minas Tirith
5. Frodon
6. Trois
7. Emyn Muil
8. Son cheval
9. Une cascade
10. Aucun

11. L'odeur fétide
12. Sa cheville
13. Faramir
14. Sylvebarbe
15. Mauhour
16. De combattre avec Théoden et les autres
17. Un Ent
18. L'un de ses yeux

19. Une grande pierre
20. Ils les brûlent

21. Vrai
22. À Sylvebarbe
23. Gandalf
24. Leur bander les yeux
25. Fangorn
26. Le gué de Helm
27. Une chute d'eau
28. En Isengard
29. Vrai
30. Du poisson

31. Lugdush
32. Nivacrin
33. Théoden et Aragorn
34. Pippin et Merry
35. Dame Galadriel
36. Le Second Maréchal de la Marque
37. 27
38. De nuit
39. Vrai
40. Faramir

41. Théoden
42. Minas Morgul

43. Gríma
44. Sam Gamegie
45. À la main
46. La clé d'Orthanc et le bâton de sorcier de Saroumane
47. Rouge
48. Gollum
49. Sauron
50. Quatorze pieds au moins

QUIZ 7

1. Vrai
2. Des gantelets et des masques verts
3. Denuidin
4. Trois semaines
5. Legolas
6. Six
7. Sylvebarbe
8. 45 lieues
9. Vingt pieds
10. Une seule

11. Le cor de Boromir
12. Une corde

13. Ils buvaient et mangeaient
14. Gwaihir, le Seigneur du Vent
15. L'entique
16. Saroumane
17. De Pippin
18. Un fouet
19. Des marais
20. Gimli

21. Les Peaux-Blanches
22. Gimli
23. Un pain reconstituant (le «pain de route»)
24. De Saroumane
25. En Isengard
26. Vers Minas Tirith
27. Théoden est l'oncle d'Éomer
28. À une souche
29. Il lui demande de remplir des casseroles d'eau
30. Faux

31. Sam
32. Aragorn, Legolas et Gimli
33. Deux
34. Les Hommes de Rohan
35. Frodon

36. La Comté
37. La mort
38. Frodon
39. Deux
40. Dans l'antre d'Arachne

41. Les Nazgûl
42. Il crache
43. Faux
44. Langue de Serpent
45. Les Dents du Mordor
46. Une lance
47. Dard (l'épée de Frodon)
48. À l'ouest
49. Les Monts de l'Ombre
50. Ouglouk

QUIZ 8

1. La vallée des Morts Vivants
2. Les Cavaliers de Rohan
3. Faux
4. De Pippin
5. Vers le Sud
6. Le Pas Hanté

7. Arachne
8. Il pousse un cri de douleur
9. Ouglouk
10. Le bâton de Saroumane

11. Éomer
12. Gimli
13. Langue de Serpent (Gríma)
14. L'Escalier Droit
15. Un cimeterre
16. Le Fléau d'Isildur
17. Moins de trente
18. Éomer
19. Gandalf
20. En Isengard

21. Des Isengardiens
22. Un bouclier
23. Anduin
24. L'Isen
25. Un bâton
26. Sylvebarbe
27. Un bateau
28. Des lapins
29. Sam
30. Théoden

31. Vrai
32. Une rivière
33. Un Homme de Númenor
34. Minas Morgul
35. Gandalf
36. Pippin
37. L'ouest
38. Le peuple de Rohan
39. Dans l'épaule de Sam
40. La fiole de Galadriel

41. Vrai
42. Deux
43. Faux
44. Aragorn
45. Les femmes, les enfants et les vieillards
46. Quatre
47. Non
48. Gimli
49. Gripoil
50. Bouffon

Réponses pour *Le Retour du Roi*

QUIZ 1

1. Frodon
2. Au sud
3. Cent pieds
4. D'Hommes
5. Mithrandir
6. Shagrat
7. Sam
8. Il se glisse sous la cape d'un cavalier
9. Osgiliath
10. Elle disparaît en fumée

11. Les Voyageurs
12. Aragorn
13. Rien du tout
14. Aragorn
15. Faramir
16. Quatre
17. Son bras droit
18. Gondor

19. Beregond
20. Vrai

21. La rue du Silence
22. Elle s'effondre
23. Éomer
24. Fondcombe
25. Saroumane
26. Sam et Frodon
27. Imrahil
28. Denethor
29. Derrière la Porte Noire
30. Une cape noire

31. À l'extérieur
32. Elanore
33. Sa cotte de mailles
34. De la taille d'un Homme
35. Oui
36. Duinhir
37. Gondor
38. Langue de Serpent
39. Dernhelm
40. Sam et Frodon

41. Sept
42. Les Tours des Dents

43. Aragorn
44. Fredegar Bolger
45. La fiole de Galadriel
46. Pippin
47. Un messager à cheval
48. Pippin et Merry
49. Bilbo
50. Noires

QUIZ 2

1. Son cor
2. Sylvebarbe
3. Stybba
4. Merry
5. La rue des Lanterniers
6. Le seigneur des Nazgûl
7. En prison
8. Le bras tenant le bouclier
9. Cinquante
10. Gollum

11. Être brûlés vifs
12. Noir et argent
13. Sam

14. Malbeth le Voyant
15. Saroumane
16. Merry
17. 28 ans
18. Frodon
19. Osgiliath
20. Merry

21. De la Comté
22. Minas Tirith
23. Un Aigle
24. Noires
25. Des prisons
26. Quatre fois
27. Merry
28. Des Anfalas
29. Des buissons épineux
30. Gris

31. Doré
32. En été
33. Aragorn
34. Moins de 3 000
35. Par une porte
36. Théoden
37. Trois
38. Elfhelm

39. Bilbo
40. À Aragorn

41. Un garde
42. Cul-de-Sac
43. Gollum
44. Faux
45. Tom Cueillépine
46. Noir
47. Saroumane
48. Moins de 300
49. Les Tours des Dents
50. Dernhelm

QUIZ 3

1. Un Rôdeur
2. Gandalf
3. 2 000
4. La bataille de Lézeau
5. Beregond
6. Blanc
7. D'Orques
8. Vrai
9. Au seigneur des Nazgûl
10. Sept

11. Angbor
12. Gollum
13. Six
14. Bergil
15. Le prince Imrahil
16. Denethor
17. Tom Bombadil
18. Celles d'Elfhelm
19. La route de Sauron
20. Frodon

21. Aragorn
22. Imrahil
23. 150
24. Imrahil
25. Merry
26. Des Orques
27. Denethor
28. Celle des Chaumine
29. Legolas
30. Des statues de pierre

31. Vrai
32. 30
33. Merry
34. Faux
35. Gollum

36. La Flèche Rouge
37. Des Hobbits (Frodon et Sam)
38. Merry
39. Le Chef
40. L'aînée

41. Sept
42. Vrai
43. Denethor
44. Les Touque
45. Le Souffle Noir
46. Vrai
47. D'Umbar
48. Hirgon
49. 19
50. Pippin

QUIZ 4

1. Merry
2. Un ménestrel
3. Noire
4. L'auberge du Pont
5. La Maison des Intendants
6. La Montagne Hantée

7. 42
8. Gorgoroth
9. Dame Éowyn
10. Le prince Imrahil

11. La Comté
12. Merry
13. Une heure
14. De l'huile
15. Deux
16. Avec Gandalf
17. Dame Éowyn
18. Vifsorbier
19. Gollum
20. À Théoden

21. Le roi Elessar
22. Faramir
23. Quatre
24. Linhir
25. Beregond
26. Faramir
27. Aux Trous-prisons
28. Les Chemins des Morts
29. Vrai
30. Une cape verte

31. Dame Éowyn
32. Gimli
33. Lothon Sacquet
34. Des arcs et des flèches
35. À manger
36. Gandalf
37. La Porte du Pays de Bouc
38. Beregond
39. Isildur
40. Le Troisième Âge

41. Beregond
42. Lebennin
43. Frodon
44. M. Poiredebeurré
45. Legolas
46. L'Anduin
47. Frodon
48. Frodon et Sam
49. Sept mille
50. De la bière

QUIZ 5

1. Gimli
2. Mars

3. Ecthelion
4. Deux
5. Une pipe
6. 50 pas
7. Bergil
8. Denethor
9. À Frodon
10. Frodon

11. Théoden
12. Aragorn
13. Les Maisons de Guérison
14. L'auberge du Poney Fringant
15. Au nord
16. Denethor
17. La moitié du chemin
18. À Lagrenouillère
19. Les Hommes du val de Ringló
20. Imrahil

21. De Bilbo
22. Faramir
23. Théoden
24. Celui de Sam
25. Faux
26. Gandalf
27. La date de la chute de Sauron

28. Faux
29. Celles de l'Anduin
30. Gimli

31. Une herbe médicinale
32. Sam
33. Il leur accorde son pardon
34. Le sixième mur
35. Plus belle
36. Ceux d'un Orque
37. Gimli
38. Celui du prince Imrahil
39. Vrai
40. Aragorn

41. Dame Éowyn
42. Pippin
43. Gollum
44. Un cor
45. Faramir
46. Du côté de l'Ennemi
47. Le chapitre 80
48. Chambres de Feu
49. Pippin
50. Denethor

QUIZ 6

1. Forlong
2. Gandalf
3. Denethor
4. La route de Sauron
5. À Sam
6. Sam
7. Arwen
8. Pippin
9. Une chemise
10. Dernhelm

11. Saroumane
12. Aragorn
13. Rouge
14. Arwen
15. Des Woses
16. Sept
17. Un couteau
18. Shagrat
19. De Gondor
20. 50 vaisseaux

21. Elrond
22. En Isenmouthe
23. Vrai

24. Vrai
25. Faramir
26. Mindolluin
27. Bill Fougeron
28. Denethor
29. Aragorn
30. Dame Éowyn

31. D'un coup de couteau
32. Vrai
33. Vrai
34. Pippin
35. Trésor
36. Hirgon
37. D'une échelle
38. Faux
39. Gandalf
40. Treize jours

41. Il fait une chute mortelle
42. De la Comté
43. Un casse-croûte
44. Un Aigle
45. D'un bélier
46. À Frodon
47. Dix jours
48. Cinq

49. Un fouet
50. La bataille des Champs du Pelennor

QUIZ 7

1. En Rohan
2. Gandalf
3. Merry et Pippin
4. Les Woses
5. Adjoint au maire
6. Sam
7. De Gondor
8. Des Trolls des collines
9. Legolas
10. Trois

11. Gorgûn
12. Un mur
13. Dame Éowyn
14. Une rivière
15. Frodon
16. Moins d'une semaine
17. Grossier et agressif
18. Des herbes
19. Cul-de-Sac
20. 25 lieues

21. Sept heures
22. Un jour
23. Umbar
24. De Pippin
25. À la main
26. Des Woses
27. Aragorn
28. Pour empêcher Frodon de boire de l'eau empoisonnée
29. Vrai
30. Ingold

31. Faux
32. Sam
33. Vrai
34. Rammas Echor
35. Sous une tente
36. Un Aigle
37. Il est le cheval d'Aragorn
38. Un arbre
39. 4 000
40. Forlong le Gros

41. Gandalf
42. Des têtes de combattants morts
43. Dabs
44. Ceux de Gondor

45. Sa main
46. Dame Éowyn
47. Celle d'un loup
48. Merry
49. Six
50. Dame Éowyn

Cet ouvrage a été composé
par PCA - 44400 REZE

Impression réalisée sur Presse Offset par

BRODARD & TAUPIN

GROUPE CPI

La Flèche (Sarthe), le 21-10-2003
N° d'impression : 19897

Dépôt légal : novembre 2003

Imprimé en France

 12, avenue d'Italie • 75627 PARIS Cedex 13

Tél. : 01.44.16.05.00